改訂版　　聞いて覚えるインドネシア語単語帳

キクタン

インドネシア語
【入門編】

アルク

はじめに
「キクタン インドネシア語」とは

単語を聞いて覚える "「聞く」単語集"、すなわち「キクタン」！

「キクタン」シリーズはアルクの英語学習教材からスタートしました。音楽のリズムに乗りながら楽しく語彙を学ぶ"チャンツ"という学習法を採用し、受験生からTOEICのスコアアップを狙う社会人まで、幅広いユーザーの支持を受けています。

この「キクタン」をベースとして、『キクタンインドネシア語【入門編】』(初版2015年1月)が刊行されました。インドネシア語を初めて学習する人を対象に、旅行、仕事、留学、ロングステイ、インドネシア人の迎え入れなどをスタートするにあたって、必要と思われる語彙を厳選したものです。本書は、『キクタンインドネシア語【入門編】』の例文、日本語訳の見直しを行い、音声をダウンロード提供とした改訂版となります。

発音は「見る」「聞く」「リズムに乗って発音」で学習！

インドネシア語のつづりはとても単純です。ほとんどローマ字読みに近く、いくつか独特な音の発音さえ覚えてしまえば、あとは、規則通りに発音し、発音通りに書けばいいのです。母音はアイウエオと曖昧母音の六つだけ。子音も、日本人にとって難しいのは、Lと巻き舌のRの区別、ガ行鼻濁音のNgぐらいでしょう。

でも、カタカナで覚えて発音しても通じません。最初の「インドネシア語の発音」の章を読んで原則を理解したら、「チャンツ音声」を聞きながら、どんどんネーティブの発音をまねてリズムよく発音して、舌を慣らしましょう。

例文で、コミュニケーションの力をUP！

インドネシア語は、文法もとても簡単。時制や単複の別による動詞の活用も、ヨーロッパの言語に見られるような文法的な性別などもありません。単語を正しい順番に組み立てるだけでいいのです。

本書の前半「場面活用編」では、単語を組み立てるだけで使える基本的な文型を押さえながら、場面ごとに使える単語や例文を収録しています。例文は日常生活ですぐ使える自然な文を厳選しました。付録には、関連語彙のリストがありますので、好きな単語を選んで、例文に差し替えるだけで、言いたいことを言うことができます。

後半の「文法編」では、接辞を取り上げます。インドネシア語には多くの接頭辞、接尾辞、複合接辞があって、一つの基本語彙の前後にこれを付けることで、たくさんの関連語彙が作り出されているのです。接辞の原則を理解して、どんどん語彙を増やしましょう。

だから「ゼッタイに覚えられる」!
本書の 4 大特徴

①
目と耳をフル活用して覚える!

だから、
**インドネシア語をリズムに乗って
覚えられる!**

音楽のリズムに乗って、楽しくインドネシア語の学習ができる「チャンツ音声」を用意。繰り返し聞いて発音して、インドネシア語の音に慣れましょう。ノーマルスピードで耳をよく慣らし、リズムよく発音する練習をすれば、通じるインドネシア語が身に付きます。

②
場面で覚える!

だから、
すぐに使える!

本書の前半では、旅行や仕事、ロングステイなどでよく出会う場面を中心に、現地の日常会話でよく使われる語彙やフレーズを厳選して紹介しています。
例文は、実際のコミュニケーションの場で、すぐに使うことができるものです。このまま覚えて、使ってみましょう。

③
付録も充実!

だから、
応用できる!

インドネシア語の文法はとても簡単です。単語を順番通り組み合わせるだけでよいので、「インドネシア語ミニ文法」の **1**～**22** を理解すれば、文法の基礎は完璧です。付録では、場面ごとに必要になりそうな単語をまとめてありますから、あとは、単語を差し替えるだけで、例文を幅広く応用できます。

④
接辞の使い方も学べる!

だから、
語彙力が付く!

本書の後半では、基本的な接辞の使い方を扱っています。
基本的な語彙に接辞が付くことで、名詞から動詞、形容詞から名詞というように、どんどん派生語ができていきます。「インドネシア語ミニ文法」の **23**～**37** を読んで、接辞の基礎を理解して、語彙力を付けましょう。

本書とダウンロード音声の活用法

意味を覚えるだけでは終わらせない。
発音や文法もしっかりマスター！

見出し語

「単語」ページの左側には、学習語彙を掲載しています。

母音の表記

インドネシア語では、エと曖昧母音を書き分けず e と表記しますが、本書ではエと発音するときには é と書きます。

チャンツ音楽で楽しく覚えよう！

音声には、リズミカルなチャンツ音楽をバックに、インドネシア語の単語＋日本語の意味が収録されています。繰り返し聞いて発音することで、自然な発音を覚えましょう。

基語と派生語

後半の「文法編」では、基語（もとになる基本的な語）に接頭辞・接尾辞・複合接辞などの接辞を付けて作る派生語を扱っています。派生語［基語］の順に表記してあり、音声でもその順番に両方とも収録しています。
基語の意味が派生語の意味と異なる場合には、日本語でも［　］内に基語の意味を付けてあります。［　］がない語は、基語と派生語はほぼ同じ意味を表します。
接辞の中には、ter- や -an のようにそのまま基語の前や後ろに付けるだけのものと、meN- や beR- のように基語の最初の音に合わせて形が変化するものがあります。詳しくは文法説明を読んでください。

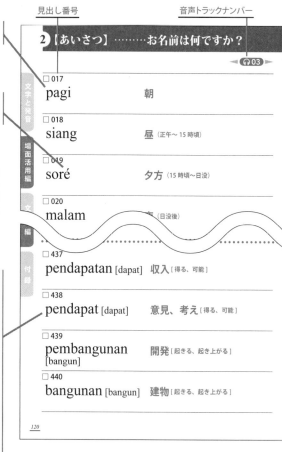

見出し番号　　　　　　　　　　音声トラックナンバー

2【あいさつ】………お名前は何ですか？

◀ ⌂ 03 ▶

文字と発音

場面活用編

文法編

付録

□ 017
pagi　　　朝

□ 018
siang　　　昼（正午〜 15 時頃）

□ 019
soré　　　夕方（15 時頃〜日没）

□ 020
malam　　　夜（日没後）

□ 437
pendapatan [dapat]　収入 [得る、可能]

□ 438
pendapat [dapat]　　意見、考え [得る、可能]

□ 439
pembangunan
[bangun]　　　開発 [起きる、起き上がる]

□ 440
bangunan [bangun]　建物 [起きる、起き上がる]

120

生活スタイル別 三つの学習モード

聞くだけモード

ステップ 1

音声を聞き流すだけ！
学習時間の目安：1日1分

しっかりモード

ステップ 1 ▶ **ステップ 2**

発音もマスター！
学習時間の目安：1日2分

音声には、楽しいチャンツ音楽のリズムに合わせて、インドネシア語と日本語が収録されています。自然とインドネシア語が口をついて出てくるように、何度も繰り返し聞きましょう。

学習のヒント！

ステップ 1

該当の音声トラックを呼び出し、重要単語の発音や意味を確認！

ステップ 2

音声に合わせて発音練習！「インドネシア語の文字と発音」ページも参考にしましょう。

ステップ 3

「場面活用編」では、使用場面に応じた基本的なインドネシア語の用例をチェック。付録の語彙も活用して、コミュニケーション力を付けましょう。

「文法編」では接辞を使った派生語の基礎を身に付け、語彙力や応用力を養いましょう。

例文

「例文」では、学んだ単語をもとに、まとまりのある文章を作れるように工夫しました。文法解説を読み、語順に注意して文章を作る練習をしてください。

＊音声には例文は収録されていません。

文法 2 3　付録 1 2

Selamat pagi.

おはよう。(朝)

備考 フォーマルなあいさつ。日常会話ではselamatを付けず、pagi、siang、soreなどのみで使う方が多い。ニュースなどでは、終わりの別れのあいさつとしても使われる。

Selamat siang.

こんにちは。(正午〜15時頃)

Selamat soré.

こんにちは。(15時頃〜日没)

Selamat malam.

（日没後）

ジャカルタ　　　　　　　。

Pendapatannya cukup besar.

彼／彼女の収入は、かなり多い。([lit.] 十分大きい)

Bagaimana pendapat Anda?

あなたの意見はいかがですか？

pembangunan dan perkembangan negara

国家の開発と発展

Bangunan itu belum selesai.

その建物はまだ完成していない。([lit.] まだ終わっていない)

121

[lit.] は、言葉の文字通りの意味を表しています。

例文

「例文」では、学んだ単語をもとに、まとまりのある文章を作れるように工夫しました。文法解説を読み、語順に注意して文章を作る練習をしてください。

付属チェックシート

本書の赤字部分は、チェックシートで隠せるようになっています。日本語の意味が身に付いているか確認しましょう。

完ぺきモード

ステップ 1 ▶ ステップ 2 ▶ ステップ 3

やるからには完ぺきに！
学習時間の目安：1日10分

※ 学習時間はあくまでも目安です。時間に余裕があるときは、音声を繰り返し聞いたり、学習語彙やフレーズの音読を重ねたり、なるべく多く学習語彙に触れるよう心がけましょう。

DL音声の使用に関するご案内

● パソコンでダウンロードする場合
下記の「アルク ダウンロードセンター」にアクセスの上、画面の指示に従って音声ファイルをダウンロードしてください。
https://portal-dlc.alc.co.jp/

● スマートフォンでダウンロードする場合
右の QR コードから学習用アプリ「booco」をインストールの上、ホーム画面下「さがす」から本書を検索し、音声ファイルをダウンロードしてください。
※商品コード（7024053）で検索してください。

インドネシア語の文字と発音

※白抜き数字は、音声のトラック番号です

文字と発音

場面活用編

文法編

付録

1 インドネシア語の表記にはアルファベットを用いる。発音は、中国語やタイ語のような声調（声の上がり下がり）はなく、ほぼそのままローマ字読みをすればよいので、非常に易しい。

2 母音は、アイウエオ＋曖昧母音の六つしかない。

3 Eの文字には、エとあいまい母音の二つの発音があり、単語ごとに発音を覚える必要がある。ただし、辞書や入門的な語学教科書ではé（エ）、e（あいまい母音）と書き分けるので、この本もそれに従う。

4 子音は、ほぼローマ字読みだが、以下の発音はローマ字と少し異なるので注意する。
　　C：常にチャ行。
　　FとVは同じ発音で、下唇をかむファ行。
　　Rは強い巻き舌のラ行。

5 二つの文字で一つの子音を表すものもある。特に次の二つは要注意。
　　Kh：カと言うときの口の形でハッと言う。
　　Ng：ガ行鼻濁音。日本語では地方によって、語中のガ行に現れる音。日本語の発音辞典ではしばしばガ゜キ゜ク゜ケ゜コ゜で表記される。

　インドネシア語では語頭にも現れるだけでなく、普通のガ行と鼻濁音のカ゜行は全く違う音として認識される。gaはガ、例えばjaga（ジャガ）。ngaはカ゜、例えばtangan（タカ゜ン）。nggaはンガ、例えばtanggal（タンガル）となる。

6 また、子音が語末や音節末に来たときには、子音の位置でしっかり止めて、後ろに余分な母音を付けない。日本人の耳にはほとんど聞こえないが、インドネシア人は区別できる。その子音を発音するつもりで、唇や舌の位置をそのままに、口から息を吐くのをぐっと我慢する感じで発音する。

◀ 🎧66 ▶

● **母音**　　　　　　　　　　　　　　　**単語の例**

文字	文字の名前		発音記号	発音のヒント	語頭	語中、子音連続	語末
A/a	a	アー	/a/	日本語のアとほぼ同じ。	ada（ある）	pagi（朝）	saya（私）
E/e	é	エー	/e/	日本語のエとほぼ同じ。	énak（おいしい）	meréka（彼/彼女ら）	kué（菓子）
			/ə/	曖昧母音。口の開け方はウとアの間ぐらい。	emas（ゴールド）	kelas（クラス）	tipe（タイプ、型）
O/o	o	オー	/o/	日本語のオとほぼ同じ。	orang（人）	kopi（コーヒー）	toko（店）
I/i	i	イー	/i/	日本語のイとほぼ同じ。	ibu（母）	siswa（学生）	ini（これ）
U/u	u	ウー	/u/	唇を丸めたウ。日本人の発音では、はっきり聞こえないことがあるので注意。特に語末のsでは、uが付いているときははっきりウーと母音を付けるように意識する。例えば、susu（ミルク）とsus（シュークリーム）。	ular（へび）	jus（ジュース）	buku（本）

● 子音   単語の例

文字	文字の名前		発音記号	発音のヒント	語頭	語中、子音連続	語末
B/b	bé	ベー	/b/	日本語のバビブベボとほぼ同じ。語末のbは、子音の場所でしっかり止めて、余計な母音を付けないようにする。	babi （豚）	tiba （到着する）	bab （章）
C/c	cé	チェー （セー）	/tʃ/	日本語のチャチチュチェチョとほぼ同じ。	cinta （愛）	kaca （ガラス）	---
D/d	dé	デー	/d/	日本語のダディドゥデドとほぼ同じ。語末のdは、子音の場所でしっかり止めて、余計な母音を付けないようにする。舌先を、前歯で挟むようにして発音してもよい。	dia （彼、彼女）	adik （弟妹）	murid （児童／生徒）
F/f	éf	エフ	/f/	上の前歯で下唇をかむファフィフフェフォ。英語のFと同じ。	foto （写真）	sofa （ソファ）	positif （積極的）
G/g	gé	ゲー	/g/	日本語の（語頭の）ガギグゲゴとほぼ同じ。ただし、日本語では語中のガギグゲゴを鼻濁音で発音する場合があるが、インドネシア語では鼻濁音のガギグゲゴはngと表記され、全く違う音とされているので、要注意。	gampang （簡単）	tiga （3）	dialog （対話）
H/h	ha	ハー	/h/	日本語のハヘホとほぼ同じ。喉の奥からハ〜と息を出す音。ただし日本語のヒはインドネシア人にはsyiに聞こえることがあるので、注意。インドネシア語でhiやhuを発音するときには、ハヘホを発音するときと同じように、やさしく喉の奥からヒ、フと発音するように注意する。語末のhは、最後の母音の形のまま、ため息をつくようにハッヒッフッヘッホッと息を抜く。	hotél （ホテル）	pahit （苦い）	putih （白い）
J/j	jé	ジェー	/dʒ/	日本語のジャジジュジェジョとほぼ同じ。	juta （百万）	baju （服）	---
K/k	ka	カー	/k/	日本語のカキクケコとほぼ同じ。語末のkは、子音の場所でしっかり止めて、余計な母音を付けないように注意する。	kaki （足）	skripsi （卒業論文）	kakak （兄・姉）
Kh/kh	kaha	カーハー	/x/	カ行の舌の形でハッと言う。	khas （独特な）	akhir （終わり）	tarikh （日付）
L/l	él	エル	/l/	舌を口の天井につけて、舌の両端から息を出して発音する。英語のLと同じ。	lagu （歌）	malu （恥ずかしい） palsu （偽の）	mahal （高価な）
M/m	ém	エム	/m/	日本語のマミムメモとほぼ同じ。語末のmは、唇をしっかり閉じて、鼻から息を抜く。	makan （食べる）	kamus （辞書）	minum （飲む）

● 子音 　　　　　　　　　　　　　　　　　　　　　　　　単語の例

文字	文字の名前		発音記号	発音のヒント	語頭	語中，子音連続	語末
N/n	én	エン	/n/	日本語のナニヌネノとほぼ同じ。語末のnは、舌を前歯で軽くかむか、舌の先をしっかり上の前歯の裏のあたりにつけるかして、鼻から息を抜く。	nakal (いたずらな)	anak (子ども)	jalan (道)
Ng/ng	éngé	エンゲー	/ŋ/	鼻にかかるガ行。日本語の語中に現れるガ行鼻濁音と同じだが、インドネシア語では語頭にも現れる。語末のngは、口を開けたまま、自然にンと発音する。	ngeri (ぞっとする)	angin (風)	Jepang (日本)
Ny/ny	ényé	エンイェー	/ɲ/	日本語のニャニニュニェニョとほぼ同じ。	nyamuk (蚊)	nyanyi (歌う)	---
P/p	pé	ペー	/p/	日本語のパピプペポとほぼ同じ。語末のpは、子音の場所でしっかり止めて、余計な母音を付けないようにする。	paspor (パスポート)	kapal (船) / sponsor (保証人)	sop (スープ)
Q/q	ki	キー	/k/	日本語のカキクケコとほぼ同じ。	Quran (コーラン)	---	---
R/r	ér	エル	/r/	巻き舌。しっかりルルルと巻くようにする。	roti (パン)	jurusan (学科) / pria (男性) / kursi (椅子)	bir (ビール)
S/s	és	エス	/s/	日本語のサスィスセソとほぼ同じ。	siapa (誰)	asing (外国の)	kamus (辞書)
Sy/sy	ésyé	エスイェー	/ʃ/	日本語のシャシシュシェショとほぼ同じ。	syal (ショール)	asyik (夢中、楽しい)	---
T/t	té	テー	/t/	日本語のタティトゥテトとほぼ同じ。語末のtは、子音の場所でしっかり止めて、余計な母音を付けないようにする。舌先を、上下の前歯で挟むようにして発音してもよい。	tim (チーム)	satu (1) / stasiun (駅)	surat (手紙)
V/v	fé	フェー	/f/	上の前歯で舌唇をかむファフィフフェフォ。fと全く同じ発音をする。	visa (ビザ)	universitas (大学)	---
W/w	wé	ウェー	/w/	日本語のワウィウェウォとほぼ同じ。wuのときは、ウの前に唇を強く丸めて、wの音を発音するように意識する。	wanita (女性)	kawan (友達)	---
X/x	éks	エクス		(外来語にしか使わない。元の言語の発音に従う)	---	---	---
Y/y	yé	イェー	/y/	日本語のヤユイェヨとほぼ同じ。yiのときは、イの前に唇を強く左右に引いて、yの音を発音するように意識する。	ya (はい、ええ)	bayi (赤ちゃん)	---
Z/z	zét	ゼット	/z/	日本語のザズィズゼゾとほぼ同じ。	zona (ゾーン、圏)	izin (許可)	---

場面活用編

※白抜き数字は、音声のトラック番号です

◀ 🎧 01 ▶

□ 001

Apa kabar?

元気ですか？
（ lit. どんな知らせですか）

□ 002

Kabar baik.

元気です。
（ lit. 良い知らせです）

□ 003

Baik-baik saja.

元気です。
（ lit. 良いだけです）

□ 004

Biasa-biasa saja.

まあまあです。
（ lit. 普通なだけです）

□ 005

Terima kasih.

ありがとう。

□ 006

Sama-sama.

どういたしまして。
（ lit. 同じく）

□ 007

Kembali.

どういたしまして。
（ lit. 返す）

□ 008

Permisi.

失礼します。すみません。
（呼びかけにも、別れのあいさつにも使える）

□ 009

Maaf. / Mohon maaf. ごめんなさい。

□ 010

Tidak apa-apa.　いいえ。
（lit. 大丈夫です／何でもないです）

□ 011

Sampai jumpa.　またね。

□ 012

Sampai nanti.　また後で。

□ 013

Selamat tinggal.　さようなら。
（長旅などに出かける人が、残る人に対して）

□ 014

Selamat jalan.　さようなら。
（残る人が、長旅などに出かける人に対して）

□ 015

Selamat tidur.　おやすみなさい。

□ 016

Selamat ulang tahun.　お誕生日おめでとう。

【あいさつ】 ………お名前は何ですか?

☐ 017
pagi
朝

☐ 018
siang
昼 (正午〜 15 時頃)

☐ 019
soré
夕方 (15 時頃〜日没)

☐ 020
malam
夜 (日没後)

• •

☐ 021
nama
名前

☐ 022
siapa
誰

☐ 023
-nya
その (彼 / 彼女 / 彼ら / 彼女ら / そのを表す接尾辞)

☐ 024
apa
何

Selamat pagi.

おはよう。（朝）

備考 フォーマルなあいさつ。日常会話ではselamatを付けず、pagi, siang, soréなどのみで使う方が多い。ニュースなどでは、終わりの別れのあいさつとしても使われる。

Selamat siang.

こんにちは。（正午〜15時頃）

Selamat soré.

こんにちは。（15時頃〜日没）

Selamat malam.

こんばんは。（日没後）

- -

Nama saya Éma.

私の名前はエマです。

備考 所有格はないので、修飾される名詞の後ろに修飾語を付けるだけでよい。be動詞も不要。

Nama Ibu siapa?

（目上の女性に対して）お名前は何ですか？

備考 名前を聞くときは、「apa（何）」ではなく、「siapa（誰）」を使う。

Siapa namanya?

（その人の）お名前は何ですか？

備考 3人称単数の代名詞dia、3人称複数の代名詞merekaを使ってもよいが、-nyaはいつでも使える便利な表現。

Apa namanya?

その名前は何ですか？

備考 団体やモノの名前を聞くとき。

3 【紹介する】…私の恋人はインドネシア人です。

◀ 🎧04 ▶

☐ 025
itu
それ、あれ

☐ 026
ini
これ

☐ 027
teman
友達

☐ 028
pacar
恋人

☐ 029
apakah
ですか？　ますか？
（Yes/no 疑問文を作る疑問詞）

備考 Yes/No疑問文を作るには文末に？を付けるだけでいい。疑問文であることを明示したいときは、文頭にapaあるいは、apakahを付けてもよい。

☐ 030
ya
はい

☐ 031
bukan
いいえ （名詞文の否定）

☐ 032
tetapi
しかし

"Sayonara" itu apa artinya?

「さようなら」ってどういう意味ですか？

備考 ituは、それ／あれを表す代名詞だが、「〜というのは」という意味でも使える。

Ini ibu saya.

こちらは、私の母です。

備考 iniは人を紹介するときにも使える。

Kenalkan.　Ini teman saya Ahmad.

紹介するよ。こちらは僕の友達アフマッドだ。

Pacar saya orang Indonésia.

私の恋人はインドネシア人です。

Apakah ini pacar Anda?
Ini pacar Anda?　Apa ini pacar Anda?

こちらは、あなたの恋人ですか？

Ya, itu pacar saya.

はい、私の恋人です。

Bukan, itu bukan pacar saya.

いいえ、私の恋人ではありません。

備考 名詞文の否定。否定詞として述語の前にbukanを用いるだけでなく「いいえ」という意味でもbukanを用いる。

Ini bukan pacar saya, tetapi kakak saya.

こちらは、恋人ではなくて、兄／姉です。

備考 「〜ではなくて、〜である」というときには、接続詞としてtetapiを用いる。

4 【飲食店で(1)】 ………水を下さい。

文字と発音

場面活用編

文法編

付録

☐ 033
minta 　　　　下さい

☐ 034
jus 　　　　ジュース

☐ 035
susu 　　　　ミルク

☐ 036
és 　　　　氷、氷入りの飲み物

☐ 037
bir 　　　　ビール

☐ 038
dan 　　　　～と、そして

☐ 039
bon 　　　　伝票、勘定書

☐ 040
kuitansi 　　　　領収書

Minta ménu.

メニューを下さい。

Minta jus mangga.

マンゴージュースを下さい。

Minta kopi susu.

ミルク入りのコーヒーを下さい。

Minta és campur.

エスチャンプール (いろいろな具が混ざって入ったかき氷) を下さい。

Minta bir dan és batu.

ビールと氷を下さい。

Minta nasi putih, ayam goréng dan és téh manis.

白いご飯と、アヤムゴレン(鶏の唐揚げ)と、甘いアイスティーを下さい。

Minta bon.

お勘定お願いします。

備考 大きなレストランでは、食事が終わったら、Minta bonと言って席に着いたまま勘定してもらう。

Ada kuitansi?

領収書はありますか?

◀ 🎧06 ▶

文字と発音

場面活用編

文法編

付録

□ 041
panas
暑い、熱い

□ 042
dingin
冷たい、寒い

□ 043
énak
おいしい、気持ちいい、快適

□ 044
manis
甘い、(人や動物が) かわいい

· ·

□ 045
asin
塩辛い

□ 046
asam
酸っぱい

□ 047
pedas
辛い

□ 048
pahit
苦い

Minta kopi panas.

熱いコーヒーを下さい。

Hari ini dingin ya.

今日は寒いですね。

Réstoran itu énak.

そのレストランはおいしい。

Ini manis?

これは甘いですか？

Ikan ini asin.

この魚は塩辛い。

Jus ini asam.

このジュースは酸っぱい。

Saya suka makanan pedas.

私は辛い食べ物が好きです。

Saya suka yang pahit.

私は苦いのが好きです。

◄ 🎧07 ►

文字と発音

場面活用編

文法編

付録

☐ 049
tidak　　いいえ (形容詞文／動詞文の否定)

☐ 050
kurang　　足りない、不足している

☐ 051
sangat ~　　とても~

☐ 052
~ sekali　　とても~

☐ 053
terlalu ~　　~すぎる

☐ 054
tidak terlalu ~　　~すぎない、そんなに~ない

☐ 055
tawar　　味がない、味が薄い

☐ 056
matang　　(果物などが) 熟した、(料理に) 火が通った

Tidak, telur itu tidak asin.

いいえ、その卵は塩辛くないです。

備考 形容詞文や動詞文の否定にはtidakを用いる。

Kopi ini kurang manis.

このコーヒーはあまり甘くない。

備考 否定詞tidakの代わりにkurangを使うと、否定を和らげる効果がある。

Makanan Indonésia sangat énak.

インドネシアの食べ物は大変おいしい。

備考 sangat, amat, sekali は全て「とても」という意味。文法 **14**

Aduh, ini pedas sekali!

ああっ、これはすごく辛い！

Buah ini terlalu asam.

この果物は、酸っぱすぎます。

Ini tidak terlalu pedas.

これはそんなに辛くない。

Minta téh tawar panas.

砂糖抜きの熱いお茶を下さい。

Mangga ini sudah matang.

このマンゴーはもう熟してます。

◀ 🎧08 ▶

文字と発音

場面活用編

文法編

付録

□ 057
nasi   ご飯

□ 058
roti   パン

□ 059
mi   麺

□ 060
ikan   魚

⋯⋯⋯⋯⋯⋯⋯⋯⋯⋯⋯⋯⋯⋯⋯⋯⋯⋯⋯⋯⋯⋯

□ 061
udang   エビ

□ 062
kepiting   カニ

□ 063
cumi-cumi   イカ

□ 064
telur   卵

Mau yang mana, nasi putih atau nasi kuning?

白いご飯と黄色いご飯（ターメリックライス）、どちらが欲しいですか？

Roti tawar dan roti manis.

食パン（lit.味のないパン）と菓子パン（lit.甘いパン）。

Minta mi kuah.

汁ソバを下さい。

Minta ikan asam manis.

揚げ魚の甘酢あんかけ（lit.甘くて酸っぱい魚）を下さい。

Ayah saya punya tambak udang.

私の父はエビの養殖池を持っている。

Saya suka kepiting asam pedas.

私は、辛くて酸っぱい（味付けの）カニが好きです。

Minta cumi-cumi goréng.

揚げたイカを下さい。

Telur asin dibuat dari telur bébék.

塩卵は、アヒルの卵から作られる。

◀ 🎧09 ▶

□ 065
daging
肉

□ 066
ayam
鶏

□ 067
sapi
牛

□ 068
babi
豚

• •

□ 069
mentéga
バター、マーガリン

□ 070
lapar
空腹だ

□ 071
kenyang
満腹だ

□ 072
haus
喉が渇いた

Anak itu tidak suka daging.

その子どもは肉が好きではない。

Ayam goréng di Indonésia sangat énak.

インドネシアのアヤムゴレン（鶏の唐揚げ）は、とてもおいしい。

Daging sapi dari Jepang mahal sekali.

日本からの牛肉はとても高価だ。

Orang Muslim tidak makan daging babi.

ムスリムの人は、豚肉を食べない。

Mentéga ini wangi, ya.

このバター（マーガリン）は、香りがいいね。

Kasihan, lapar ya.

かわいそうに、おなかが空いているのね。

Saya sudah kenyang.

私はもうおなかがいっぱいです。

Minta air, saya haus.

水を下さい、私は喉が渇きました。

◀ 🎧10 ▶

☐ 073
berapa
いくつ

☐ 074
orang
人 (ひと)、〜人 (にん)

☐ 075
nomor
番号

☐ 076
rumah
家

· ·

☐ 077
Jepang
日本

☐ 078
hari
日 (ひ)、〜日 (にち)

☐ 079
tinggal
1) 住む、滞在する　2) 残る

☐ 080
silakan
どうぞ

Berapa orang?

何人ですか？ 備考 インドネシア語では、通常、被修飾語＋修飾語の語順であるが、数や数量を表す形容詞の場合には、修飾語＋被修飾語の語順になる。

Ada kamar kosong untuk dua orang?

二人用の空き室がありますか？

Boléh saya minta nomor HP (ha pé) ?

携帯電話の番号を聞いてもいいですか？

Nomor télépon rumah berapa?

家の電話番号はいくつですか？

Mau berapa hari di Jepang?

日本には何日間の予定ですか？

Tiga hari dua malam.

2泊3日です。

1) Tinggal di mana? 2) Tinggal berapa?

1）どこに住んでいますか？　2）いくつ残っていますか？

Silakan tinggal di rumah saya.

どうぞ私の家に滞在してください。

◀ 🎧11 ▶

文字と発音

場面活用編

文法編

付録

□ 081
banyak 〜
たくさんの〜

□ 082
sedikit 〜
少しの〜

□ 083
setiap 〜
毎〜

□ 084
semua 〜
全ての〜

□ 085
〜 buah
（ものの数え方）〜個

□ 086
〜 batang
（棒などの数え方）〜本

□ 087
〜 lembar
（紙などの数え方）〜枚

□ 088
〜 ékor
（動物の数え方）〜匹

Ada banyak orang di sana.

あっちに大勢の人がいる。

Minta sedikit saja.

ちょっとだけちょうだい。

Dia minum jus apel setiap hari.

彼／彼女は毎日アップルジュースを飲む。

Semua orang datang.

全員来た。

Ada sepuluh buah jeruk di sini.

ここに 10 個ミカンがある。

Minta tiga batang bolpoin.

ボールペンを 3 本下さい。

Minta lima lembar kertas polos.

白い紙を 5 枚下さい。

Ada dua ékor kucing di rumah saya.

私のうちに 2 匹のネコがいる。

◀ 🎧12 ▶

文字と発音

□ 089
yén
日本円

□ 090
rupiah
ルピア

場面活用編

□ 091
mahal
値段が高い

□ 092
murah
値段が安い

文法編

□ 093
harga
値段

付録

□ 094
ongkos
（乗り物の）料金、賃借料

□ 095
biaya
費用

□ 096
lihat-lihat saja
見るだけ

Saya mau jual yén. Kursnya berapa?

私は日本円を交換したい（[lit.]売りたい）です。レートはいくらですか？

Seratus ribu rupiah.

10万ルピアです。

> [備考] 店では後半は省略されることが多い。dua puluh ribu rupiahをdua puluhあるいはduaなど。

Mahal sekali, ya.

とても高価ですね。

Ada yang murah?

安いのはありますか？

- -

Harga pas.

定価です。

Sampai Bali ongkosnya berapa?

バリまで料金はいくらですか？

Saya bayar biaya sekolah sendiri.

私は学校の費用を自分で払っている。

Boléh lihat-lihat saja?

見るだけでいいですか？

◀ ⬠13 ▶

☐ 097
péndék
短い、背が低い

☐ 098
panjang
長い

☐ 099
besar
大きい

☐ 100
kecil
小さい

☐ 101
tinggi
（高さが）高い、背が高い

☐ 102
tipis
（厚みが）薄い

☐ 103
tebal
分厚い、厚い

☐ 104
hangat
温かい、暖かい

Ada celana péndék?

ショートパンツがありますか？

Ada rok panjang?

ロングスカートはありますか？

Ada yang besar?

大きいのはありますか？

Baju ini kecil sekali.

この服はとても小さいです。

Saya suka sepatu yang berhak tinggi.

私はヒールの高い靴が好き。

Kain ini terlalu tipis.

この布は薄すぎる。

Saya punya jas tebal.

私は（生地の）厚いジャケットを持っている。

Ada baju hangat?

暖かい服がありますか？

◀ 🎧14 ▶

文字と発音

場面活用編

文法編

付録

□ 105

cari

探す

□ 106

yang

関係詞、関係代名詞

□ 107

warna

色

□ 108

yang mana

どれ、どちら

□ 109

dalam

中の

□ 110

kaus/kaos

Tシャツ、(襟やボタンのない) シャツ

□ 111

jadi

1) 成立する　2) それで

□ 112

tidak jadi

取りやめになる
(計画を取りやめるときに便利な表現)

Cari apa?

何をお探しですか？

Ada rok yang panjang?

ロングの（方の）スカートはありますか？

Cari yang warna apa?

何色のを探しているんですか？

Mau yang mana?

どちらが欲しいですか？

・・・・・・・・・・・・・・・・・・・・・・・・・・・・・・・・・・・・・・・

Ada celana dalam?

下着のパンツ／パンティ（lit.中のパンツ）はありますか？

kaus dalam dan kaus kaki

下着のシャツ（lit.中のシャツ）とソックス（lit.足のシャツ）

O begitu. Jadi bagaimana acara hari ini?

ああ、そうですか。それで今日の予定はどうですか？

Maaf ya, tidak jadi.

ごめんなさいね、やめておきます（lit.成立しませんでした）。

◀ 🎧15 ▶

☐ 113
hitam　　　　黒い

☐ 114
putih　　　　白い

☐ 115
mérah　　　　赤い

☐ 116
biru　　　　青い

☐ 117
kuning　　　　黄色い

☐ 118
hijau　　　　緑

☐ 119
ungu　　　　紫

☐ 120
cokelat　　　　1) 茶色　2) チョコレート

Ada yang warna hitam?

黒い色のはありますか？

Minta blus putih.

白いブラウスを下さい。

Minta yang warna mérah.

赤い色のを下さい。

Saya suka warna biru.

私は青い色が好き。

Saya tidak begitu suka warna kuning

私は黄色はあまり好きじゃない。

Yang hijau lebih bagus.

緑のものの方がいい。

Saya tidak begitu suka warna ungu.

私は紫色はあまり好きじゃない。

Tolong carikan yang warna cokelat.

茶色いのを探してください。

◀ 🎧16 ▶

□ 121

bagus

いい、すてき
（目に見えるもの、耳に聞こえる声などについて）

□ 122

baik

いい（ニュース、人柄、状態などについて）

□ 123

cantik

（顔や工芸品が）**きれい、美しい**

□ 124

indah

（眺めが）**美しい**

□ 125

agak ～

少し～

□ 126

lebih ～

もっと～

□ 127

tidak begitu ～

あまり～ではない

□ 128

sama sekali tidak ～

全然～ではない

文字と発音

場面活用編

文法編

付録

Wah, batik ini bagus sekali!

わあ、このバティック（ジャワ更紗）、とてもすてき！

Bapak baik sekali.

お父さん（既婚男性、目上の男性に対する「あなた」）は、とてもいい人ですね。

Ibu itu cantik, ya.

あの女性（既婚女性、目上の女性、母親ぐらいの年齢の女性）は、美人ですね。

Pemandangannya indah.

その景色は美しい。

Sepatu ini agak besar.

この靴はちょっと大きい。

Mau yang lebih panjang?

もっと長いのが欲しいですか？

Kalau ini tidak begitu manis.

これなら、そんなに甘くない。

Itu sama sekali tidak mahal.

それは全然高価ではない。

◀ 🎧17 ▶

文字と発音

場面活用編

文法編

付録

□ 129
kiri
左

□ 130
kanan
右

□ 131
bélok
（角を）曲がる

□ 132
saja
1) 〜だけ　2) 〜でもいい

□ 133
lurus
真っすぐ

□ 134
sini
ここ

□ 135
situ
そこ

□ 136
sana
あそこ

Kiri, kiri.

止まって、止まって（[lit.]左、左）。

[備考] ミニバスなどを止めてもらうときの表現。地域によって表現が違う。

Nanti ada toko roti di sebelah kanan.

少し行くと（[lit.]後で）、右側にパン屋があります。

Sebentar lagi bélok kiri, ya.

もう少ししたら、左に曲がってね。

1) Minta satu saja.　2) Léwat jalan yang mana saja.

1）一つだけ下さい。　2）どの道を通ってもいいです。

Lurus saja sampai jalan buntu.

突き当たりまで、真っすぐ。

Di sini saja.

ここでいいです。

Tolong parkir di situ.

そこに駐車してください。

Bukan di sini, sana lagi.

ここじゃありません、もっと向こうです。

◀ 🎧18 ▶

□ 137
jalan
道、通り

□ 138
atas
上

□ 139
bawah
下

□ 140
sebelah
〜側

□ 141
pinggir
端

□ 142
depan
前

□ 143
belakang
後ろ

□ 144
lantai
1) 床　2) 〜階

Ke Jalan Soekarno-Hatta, ya, Pak.

スカルノハッタ通りへ（お願いします）ね。（年配男性の運転手に対して）

Roti di atas méja makan.

パンは、食卓の上です。

Tasnya silakan diletakkan di bawah kursi.

（その）かばんは、椅子の下に置いてください。

Kantor imigrasi terletak di sebelah kiri jalan raya.

イミグレーションのオフィスは、大通りの左側に位置しています。

Saya suka warung yang di pinggir jalan.

私は道端のワルン（簡易商店）が好きだ。

Terminal bis ada di depan plaza ini.

バスターミナルはこのプラザの前にある。

Tolong masuk ke belakang gedung itu.

そのビルの後ろへ入ってください。

Saya ada di toko buku di lantai tiga.

私は3階の本屋にいます。

◄ 🎧19 ►

□ 145
makan   食べる

□ 146
minum   飲む

□ 147
bangun   起きる

□ 148
tidur   寝る

□ 149
duduk   座る

□ 150
mandi   水浴びする

□ 151
lupa   忘れる

□ 152
ingat   覚える、覚えている

Saya makan siang.

私は昼ご飯を食べる／食べた（ lit. 昼を食べる）。

Meréka tidak minum bir.

彼らはビールを飲まない／飲まなかった。

Pagi tadi saya telat bangun.

今朝（ lit. さっきの朝）、私は寝坊した（ lit. 遅く起きた）。

備考 pagi tadiでもtadi pagiでも、同じ意味で使える。

Saya baru bangun tidur.

私は起きた（ lit. 眠りから覚めた）ばかりだ。

Silakan duduk.

どうぞおかけください。

Orang Jepang mandi air panas.

日本人は熱い湯で入浴する。

Jangan lupa, ya.

忘れないでね。

Lupa-lupa ingat.

覚えているような覚えていないような感じ。

◀ 🎧20 ▶

文字と発音

□ 153
pergi ke
/pergi dari ～
〜へ行く
／〜から行く

□ 154
pulang ke
/pulang dari ～
〜へ帰る
／〜から帰る

□ 155
kembali ke
/kembali dari ～
〜へ戻る
／〜から戻る

□ 156
pindah ke
/pindah dari ～
〜へ移る、引っ越す
／〜から移る、引っ越す

□ 157
datang ke ～ /datang dari ～
/selamat datang di ～
〜へ来る／〜から来る
／〜にようこそ

□ 158
mampir ke ～
〜に立ち寄る

□ 159
naik/naik ke ～
1)（乗り物に）乗る、（山／階段を）上る
2)（上の場所）へ上がる

□ 160
turun dari ～
/turun ke ～
1)（乗り物／上）から降りる
2)（下の場所／現場など）へ下りる

Bapak pergi ke mana?

お父さん（目上の男性）は、どこへ行きますか？

Ibu belum pulang dari pasar.

お母さんがまだ市場から帰らない。

Dia sudah kembali ke kantor?

彼／彼女はもうオフィスに戻った？

Kakak saya pindah ke Jepang.

私の兄／姉は日本へ引っ越す／引っ越した。

1)Datang dari mana? 2)Selamat datang di Osaka!

1) どこから来たの？　2) 大阪にようこそ。

Saya perlu mampir ke pasar.

市場に寄る必要がある。

1)Naik bis dari stasiun. 2)Naik ke atas.

1) 駅からバスに乗る。2) 上に上がる。

1)Turun dari mobil. 2)Turun ke bawah.

1) 車から降りる。2) 下へ下りる。

◀ 🎧21 ▶

文字と発音

場面活用編

文法編

付録

□ 161
léwat
通る

□ 162
keluar
出る

□ 163
masuk
入る

□ 164
tiba
着く、到着する

□ 165
sampai
1) 〜まで　2) 到着する

□ 166
maju
進む、前進する

□ 167
mundur
バックする、退く

□ 168
jatuh
落ちる、転ぶ

Mau léwat jalan mana?

どちらの道を通りますか？

Tidak boléh keluar.

外へ出てはいけない。

Saya tidak bisa masuk ke kamar karena kehilangan kunci.

鍵をなくしたので、部屋に入れない。

Mobil kami belum tiba di bandara.

私たちの車はまだ空港に着かない。

Sudah sampai mana?

今どのへん？（ lit. もうどこまで?）

negara maju

先進国

Mundur sedikit!

ちょっとバックして！

Awas jatuh!

危ない（ lit. 注意して）、転ぶよ！

◀ 🎧 22 ▶

□ 169
punya
持っている、所有している

□ 170
habis
(売り切れたり、消費したりした結果) なくなる

□ 171
hidup
生きる、(火や明かりが) つく

□ 172
mati
1) 死ぬ　2) (火や明かりが) 消える

• •

□ 173
mati lampu
停電

□ 174
tumbuh
育つ

□ 175
terbang
飛ぶ

□ 176
belanja
買い物する

Dia punya rumah sendiri.

彼／彼女は自分の家を持っている。

Roti sudah habis.

パンがもうない。

Biaya hidup mahal sekali di Inggris.

イギリスでは生活費がとても高い。

1) Ada kecoa mati di dalam lemari! 2) Lampunya mati.

1）棚の中に死んだゴキブリがいます！　2）（その）電灯が消えた。

Malam tadi mati lampu lima jam.

昨夜は5時間停電した。

Pohon itu tumbuh besar.

その木は大きく育った。

Burung itu tidak bisa terbang.

その鳥は飛べない。

Saya suka pergi belanja.

私は買い物に行くのが好きです。

◀ 🎧 23 ▶

文字と発音

場面活用編

文法編

付録

□ 177
（動詞＋）dulu　　　まずは〜する

□ 178
dulu　　　以前、前に

□ 179
kapan　　　いつ

□ 180
kapan saja　　　いつでも

□ 181
kapan-kapan　　　そのうち、いつか

□ 182
tadi　　　さっき

□ 183
nanti　　　後で

□ 184
sekarang　　　今

Silakan minum dulu.

どうぞ、まずはお飲みください。

Dulu ayah saya tinggal di Indonésia.

以前、私の父はインドネシアに住んでいた。

Kapan Bapak pergi ke Jakarta?

あなた（目上の男性）はいつジャカルタへ行く／行ったんですか？

Silakan main kapan saja.

いつでも遊びに来てください。

• •

Kapan-kapan makan bersama, ya.

そのうち一緒に食事しましょうね。

Tadi ada tamu.

さっきお客さんがあった。

Nanti saja, ya.

後でね。

Sekarang istirahat dulu.

今はとりあえず休憩しましょう。

◀ 🎧 24 ▶

□ 185
mari　　　　　　さあ〜しましょう

□ 186
bésok　　　　　　あした

□ 187
lusa/bésok lusa　あさって、2日後

□ 188
bésok-bésok　　　そのうち、いつか、近いうちに

□ 189
hari ini　　　　　今日

□ 190
kemarin　　　　　昨日

□ 191
dua hari yang lalu　おととい、2日前

□ 192
sekali-sekali　　　たまに

Mari kita pergi ke Tokyo.

（私たちは一緒に）東京へ行きましょう。

備考 mariは、誘ったり、促したりするときに使う表現。

Bésok mari kita pulang ke kampung.

あした田舎へ帰りましょう。

Bésok lusa nénék saya datang ke Jepang.

あさって、祖母が日本へ来るんです。

Bésok-bésok kita makan bersama, yuk.

そのうち一緒に食事しようよ。

備考 yukは、誘ったり、促したりするときに使う表現。口語的。文末に現れる。

Hari ini saya tidak masak karna sakit.

今日は病気なので、仕事を休む（lit. オフィスに入らない）。

Kemarin dia sama sekali tidak makan.

昨日彼／彼女は全然食べなかった。

Dua hari yang lalu kami makan besar.

おととい、私たちはごちそうを食べた（lit. 大きく食べた）。

Sekali-sekali menginap di rumah saya ya.

たまには、私の家に泊まってね。

◀ 🎧 25 ▶

文字と発音

場面活用編

文法編

付録

□ 193

sudah / telah　　もう〜した、すでに〜した

備考 日常会話ではsudahをよく使う。

□ 194

sesudah / setelah 〜した後で

備考 sesudah/setelahは接続詞。

□ 195

belum　　　　　まだ〜ない

□ 196

sebelum　　　　〜する前に

備考 sebelumは接続詞。

□ 197

pernah　　　　　〜たことがある

□ 198

ingin　　　　　　〜したい

□ 199

mau ＋動詞　　　〜したい、〜するつもりだ

□ 200

mau ＋名詞　　　〜が欲しい

Sudah makan?

もう食べた？

備考 インドネシアでは、あいさつ代わりにもう食事をしたかどうか聞く。答えは、Sudah.で十分。

Saya minum kopi sesudah makan.

私は食事の後にコーヒーを飲む／飲んだ。

Meréka belum datang.

彼らはまだ来ていません。

Bérés-bérés sebelum ibu pulang.

お母さんが帰る前に片付けます／片付けました。

Saya pernah tinggal di Bali.

私はバリに住んでいたことがある。

Saya ingin menikah dengan orang Indonésia.

私はインドネシア人と結婚したい。

Malam bésok saya mau berangkat.

あしたの晩、私は出発するつもりだ。

Saya mau jus.

私はジュースが欲しい。

備考 mau+名詞は、通常「欲しい」という意味だが mau hujan は「雨が降りそう」という意味になる。

文字と発音

場面活用編

文法編

付録

☐ 201
akan

～するだろう

☐ 202
sedang

今～しているところ

☐ 203
masih

まだ～している

☐ 204
bisa

できる

☐ 205
mampu

（能力や財力があって）**できる**

☐ 206
boléh

～してもいい

備考 インドネシア人に「一緒に行きたいか(Mau ikut?)」などと尋ねると、「boléh」と答えてくることが多い。日本人には偉そうに聞こえるが、インドネシア語では自然なやりとりなので、気にしてはいけない。

☐ 207
tidak boléh

～してはいけない

☐ 208
jangan

～するな

Ibu Tini akan pindah ke Bandung.

ティニさんは、バンドンに引っ越す予定だ。

Kami sedang makan.

私たちは今食べているところです。

Dia masih tidur.

彼／彼女はまだ寝ている。

Saya tidak bisa makan durian.

私はドリアンは食べられません。

備考 bisaの代わりにdapat（できる）を使うと、文語的・フォーマルな表現になる。

Saya tidak mampu.

私には、（能力や財力がなくて）できません。

備考 Orang yang tidak mampuは、お金がない人のことを指すことが多い。

Boléh ditawar?

まけてください（lit. 値切ってもいいですか）。

Tidak boléh makan atau minum di sini.

ここで食べたり飲んだりしてはいけません。

Jangan minum bir!

ビールを飲んではいけない！

◀ ⚪27 ▶

□ 209
harus
　　　　　　　　　　〜なければならない

□ 210
tidak harus
　　　　　　　　　　〜なくていい

□ 211
seharusnya
　　　　　　　　　　本当は〜なければならない
　　　　　　　　　　（のだが、そうではない）

|備 考| harusに複合接辞se-nyaが付いたもの。

□ 212
betul
　　　　　　　　　　本当の、その通り

□ 213
sebetulnya
　　　　　　　　　　実は

|備 考| betulに複合接辞se-nyaが付いたもの。

□ 214
perlu
　　　　　　　　　　〜する必要がある

□ 215
tidak perlu
　　　　　　　　　　〜する必要はない

□ 216
tidak usah
　　　　　　　　　　要らない

文字と発音

場面活用編

文法編

付録

Maaf, saya harus pergi.

ごめんなさい、私行かなければ。

Anda tidak harus datang ke kantor.

あなたはオフィスへ来る必要はありません。

Seharusnya ia yang datang.

本当は彼／彼女が来なければならないのです（が、他の人が来た）。

Ya, betul sekali.

ええ、全くその通りです。

• •

Sebetulnya saya kurang tahu.

実は、私はあまりよく知らないのです。

Kita perlu minum air.

私たちは、水を飲む必要がある。

Tidak perlu bayar.

支払う必要はない。

Tidak usah khawatir.

心配しなくていい。

備考 usahは常にtidak usahの形で使い、肯定形では使わない。

27 【頻度などを表す】…よくバリへ行きます。

◀ 🎧 28 ▶

☐ 217
jarang
ほとんど〜しない

☐ 218
sering
よく〜する

☐ 219
suka
1) 好き　2) よく〜する

☐ 220
senang
1) うれしい　2) 〜するのが好き

・・・

☐ 221
selalu
いつも

☐ 222
kadang-kadang
時々

☐ 223
mungkin
たぶん、おそらく

☐ 224
pasti
きっと、確実に

Saya jarang minum yang manis.

私は甘いものはほとんど飲まない。

Meréka sering datang main.

彼らはよく遊びに来る。

1) Aku suka makan durian. 2) Saya suka masuk angin.

1)僕／あたしはドリアンを食べるのが好き。 2)私はよく風邪をひく。

Kami senang pergi ke laut.

私たちは海へ行くのが好きです。

・・・・・・・・・・・・・・・・・・・・・・・・・・・・・・・・・・・・・・・

Beliau selalu duduk di situ.

あの方はいつもそこにお掛けになります。

Kadang-kadang saya pergi ke Surabaya.

時々私はスラバヤへ行く。

Mungkin ia tidak datang.

彼／彼女は、たぶん来ない。

 tidak mungkin は「あり得ない」ということを表す。Ia tidak mungkin datang. 彼／彼女が来ることはあり得ない。

Ibu Tini pasti datang.

ティニさんはきっと来る。

◀ 🎧 29 ▶

文字と発音

場面活用編

文法編

付録

☐ 225
jam berapa　　何時

☐ 226
berapa jam　　何時間

☐ 227
jam tangan　　腕時計

☐ 228
jam satu　　1時

· ·

☐ 229
léwat　　過ぎている

☐ 230
kurang　　〜前（lit. 不足している）

☐ 231
seperempat　　4分の1

☐ 232
setengah　　半分

Sekarang jam berapa? / Jam berapa sekarang?

今、何時ですか？　　備考 pukul berapaも同様に使える。pukulの意味は、打つ、〜時。

Kira-kira berapa jam sampai Jakarta?

ジャカルタまで何時間ぐらいですか？

Kamu punya jam tangan?

君、腕時計持ってる？　　備考 jamの意味は、〜時、〜時間。

Tadi pagi saya bangun pada jam lima.

今朝私は5時に起きた。　　備考 pukul 〜ともいう。

Jam sembilan léwat sepuluh menit.

9時10分過ぎです。

Jam delapan kurang dua puluh menit.

7時40分（8時20分前）です。

Jam tujuh kurang seperempat.

6時45分（7時15分前）です。　　備考 「4分の1」で15分を表す。

Kita berangkat pada jam setengah dua.

私たちは1時半（lit. 2時の半分）に出発する／出発した。

🎧30

□ 233

tanggal ～　　　　(日付が) ～日

□ 234

tanggal berapa　　(日付が) 何日

□ 235

berapa hari　　　(日数が) 何日間

□ 236

hari apa　　　　何曜日

□ 237

sebentar　　　　少しの間

□ 238

sebentar lagi　　少し後

□ 239

～ kali　　　　～度、～回

備考 「1回」のときは、1を表す接頭辞se-を付けるので、副詞のsekali
（とても）と同形になる。

□ 240

lalu　　　　そして (その後で)

Hari ini tanggal empat belas.

今日は14日です。

Bésok tanggal berapa?

明日は何日ですか？

Mau tinggal di Tokyo berapa hari?

東京には何日間滞在しますか？

Hari ini hari apa?

今日は何曜日ですか？

Tunggu sebentar.

ちょっと待って。

Sebentar lagi dia akan datang.

もうちょっとしたら、彼／彼女は来るでしょう。

Saya ingin pergi ke Bali sekali lagi.

もう一度　バリへ行きたい。

Makan, minum, lalu tidur.

食べて、飲んで、それから寝る／寝た。

文字と発音

場面活用編

文法編

付録

□ 241
Senin
月曜

□ 242
Selasa
火曜

□ 243
Rabu
水曜

□ 244
Kamis
木曜

□ 245
Jumat
金曜

□ 246
Sabtu
土曜

□ 247
Minggu
日曜

□ 248
tanggal mérah
祝日 （lit. 赤い日）

Hari Senin.

月曜日です。

Bapak Agus mau berangkat hari Selasa bésok.

アグスさんは、次の火曜日に出発する予定です。

Kita ketemu pada malam Rabu, ya?

火曜の夜（lit. 水曜の夜）に、会いましょうね。

備考 malam 〜は、前の晩にあたる。hari Rabu malamは、水曜の夜という意味。

Saya menonton film itu pada malam Kamis.

私は、水曜の夜（lit. 木曜の夜）に、その映画を見に行く。

Pada hari Jumat bapak-bapak pergi ke Masjid.

金曜日に、男性はモスクへ行く。

Toko ini tutup pada hari Sabtu.

この店は、土曜は閉まっている。

Mari kita pergi ke mal pada malam Minggu.

土曜の夜（lit. 日曜の夜）にモールへ行きましょう。

備考 malは、規則通りならマルと発音されるが、慣例では英語のmallのように発音される。

Hari Minggu dan tanggal mérah libur.

日曜と祝日は休みです。

文字と発音

場面活用編

文法編

付録

☐ 249
minggu
週、〜週間

☐ 250
minggu ini
今週 (lit. この週)

☐ 251
minggu depan
来週 (lit. 前の週)

☐ 252
minggu lalu
先週 (lit. 過ぎた週)

・・

☐ 253
bulan
月 (つき)、〜月 (がつ)、〜カ月間

☐ 254
bulan ini
今月 (lit. この月)

☐ 255
bulan depan
来月 (lit. 前の月)

☐ 256
bulan lalu
先月 (lit. 過ぎた月)

Saya pernah tinggal di Jepang selama tiga minggu.

日本に3週間滞在したことがある。

Minggu ini mulai libur panjang.

今週、長期休暇が始まる。

Kami harus belajar untuk ujian minggu depan.

来週の試験のために私たちは勉強しなければならない。

Minggu lalu saya ketemu dengan bekas pacar saya.

先週、私は元の恋人に会った。

Menurut kalénder Jawa, setiap tanggal 15 adalah bulan purnama.

ジャワ暦によれば、毎15日は満月である。

Bulan ini bulan Septémber.

今月は9月だ。

Bulan depan ada Agustusan.

来月は、独立記念のお祝いがある。

備考 インドネシアの独立記念日は8月17日。8月がAgustusなので、独立記念日に関係した儀礼やお祝いをAgustusanと呼ぶ。

Bulan lalu saya pergi ke kota Bandung.

先月、私はバンドゥン市へ行った。

◀ 🎧 33 ▶

☐ 257
tahun　　　　年

☐ 258
tahun depan　　来年（lit. 前の年）

☐ 259
tahun lalu　　去年（lit. 過ぎた年）

☐ 260
dua tahun yang akan datang　　再来年（lit. 来るべき2年）

☐ 261
dua tahun yang lalu　　2年前（lit. 過ぎた2年）、おととし

☐ 262
mulai　　　始める、始まる

☐ 263
dari　　　から

☐ 264
selesai　　終わる

Indonesia merdeka pada tahun 1945.

インドネシアは 1945 年に独立した。

Tahun depan anak saya akan lulus dari SMA.

来年私の子どもは高校を卒業します。

Saya baru mulai bekerja sejak tahun lalu.

私は去年から働き始めたばかりです。

Dua tahun yang akan datang, kakék saya akan berumur seratus tahun.

再来年、私の祖父は 100 歳になります。

· ·

Dua tahun yang lalu saya putus dengan pacar.

2 年前、恋人と別れた。

Bulan Puasa mulai kapan ya?

断食月はいつ始まるの？

Mungkin mulai dari hari Senin minggu depan.

たぶん、来週の月曜日から始まるよ。

Waktu: Mulai dari jam sepuluh pagi sampai selesai.

(結婚披露宴の招待状など) 時間：朝10時から終わりまで。

◀ 🎧34 ▶

☐ 265
cuti
休暇 (自己都合で仕事を休む)

☐ 266
cuti bersama
一斉有給休暇日

☐ 267
izin
許可、許し

☐ 268
libur
休日、休暇

・・・

☐ 269
sakit
1) 病気だ　2) 痛い

☐ 270
tidak énak badan
(体の) 調子が良くない

☐ 271
duluan [dulu]
お先に [まず、とりあえず、以前]

☐ 272
pamit
失礼します (別れのあいさつ)

Saya mau ambil cuti.

休暇を取るつもり／取りたいです。

Bésok tidak usah masuk kerja karena cuti bersama pemilu.

総選挙の一斉有給休暇日だから、明日は出勤しなくていい。

Saya mau minta izin keluar kepada bos saya.

私、上司に外出許可をお願いするわ。

Bésok lusa hari libur, kan?

あさっては、休日でしょう？

備考 kanは否定詞bukanの短縮形で、付加疑問文に用いる。

1) Anak saya sakit. 2) Saya sakit kepala.

1）私の子どもが病気です。　2）私は頭が痛いです。

Hari ini saya tidak énak badan.

今日は、私は調子が悪い。

Duluan ya.

お先にね。

Permisi, saya pamit dulu ya.

すみません、おいとましますね。

文字と発音

場面活用編

文法編

付録

35

□ 273
bingung
途方に暮れる
(どうすればいいか分からなくて困った状態)

□ 274
penasaran
気になる
(知りたいことややりたいことが十分にできず、中途半端で落ち着かない状態、最後まできちんとやり遂げたい気持ち)

□ 275
Biar saya 〜
私が〜します（lit.私に任せて）

□ 276
Apa boléh buat.
仕方がない（lit.何ができる）

• •

□ 277
silaturahmi
親睦、懇親

□ 278
jam karét
ゴムの時間
(時間がゴムのように伸び縮みすることから、約束の時間に忠実でないこと。時間がいいかげんなことを指す)

□ 279
sembako
生活必需品
(基本9品目 sembilan bahan pokok の略語。穀物、砂糖、塩、野菜、肉、卵、牛乳、食用油、燃料など)

□ 280
gotong-royong
相互扶助
(農作業や儀礼などで、互いに助け合う慣習のこと。日本の結＜ゆい＞に似ている)

Saya lagi bingung masak apa.

私何を料理したらいいか分からないわ。

Aduh, saya penasaran. Kita coba mencari tahu di perpustakaan yuk!

ああっ、気になる〜。図書館に調べに行ってみましょうよ。

Biar saya bantu.

お手伝いします。

Apa boléh buat, kan, banjir!

（道路が）冠水しているから、仕方がないよね！

Saya mau silaturahmi dengan Ibu. Boléhkah saya datang bésok?

あなた（目上の女性）と親睦を深めたいんです。あした伺ってもいいですか?

Kalau di Indonésia jarang ada acara yang mulai pada tepat waktu karena budaya jam karét.

インドネシアでは、「ゴム時間」の文化のせいで、時間ぴったりに始まる行事はめったにない。

Harga sembako naik menjelang Lebaran.

断食明けが近づくと、生活必需品の値段が上がる。

Para petani bergotong royong melakukan panén padi.

農夫たちは、結を組んでイネの収穫を行った。

おもてなしと社交

インドネシアでは、約束もせずに訪問した親族や知人の家で、そのまま食事をごちそうになることがある。食事に招待された客が勝手に友達を連れて行っても問題ない。その秘密は食事の供し方にある。料理を1種類ずつ盛りつけた大皿を並べて、めいめいが皿1枚に主食とおかずを取って食べる形式が普通なのだ。だから人が1人や2人増えても簡単に対応できる。東西約5000kmにも及ぶ島国インドネシアは、地域によって主食も違うが、コメを主食とする地域ならご飯を余るほど炊いておくのが主婦のたしなみだ。食事の時間に幅があるので、来客の人数が多ければ、改めて料理をすればいい。

婚礼(pernikahan)や割礼(khitanan / sunatan)の披露宴でもビュッフェ形式(prasmanan)が当たり前で、来客数の増減にはフレキシブルに対応できる。招待客は200人が最低限、500人や1000人規模の披露宴もよく見られる。招待される頻度も高く、婚礼の季節ともなると、週末に披露宴を2件も3件もはしごをする人もいる。外国人でも、1カ月も滞在していれば1回は披露宴に誘われるだろう。

インドネシアの人々は、他にもさまざまな理由で集まる。pengajianと呼ばれるイスラームの勉強会には、老若男女がモスクなどに集まって有名な導師(ustaz)の講演を聞く大がかりなものもあるが、個人の家を会場に女性たちが定期的にイスラームの教師(guru ngaji)を呼んで勉強するような小規模な集まりもある。arisanは、日本では無尽や頼母子講と呼ばれる習慣だ。メンバーが一定のお金を持ち寄り、くじで決めた順に合計額を受け取っていくというもので、例えば12人で10万ルピアの無尽なら、毎月誰かが120万ルピアを受け取り、1年で一巡する。早めにもらえば利息なしの借金、遅めになれば利息なしの貯金をしたことになる。まとまった資金が調達できることも重要な意義だが、どちらかといえば、定期的に集まって食事を楽しみ、人間関係を深めることを主な目的にするものが多い。

Syukuranあるいはselamatanと呼ばれる集会は、人生の転機や祝い事、病気からの回復や、お祓いなどさまざまな機会に行われる。ジャワなどのムスリムの家庭で行うものは、近隣の戸主を招待し、皆でイスラーム式の祈りを捧げてから、食事をふるまう。オフィス等で行うものは、宗教的な色はなく、食事だけがふるまわれる。tumpengと呼ばれる円すい状にかたどったターメリックライスにおかずを添えて、飾り付けたものがつきものだ。円すいの先端部分は、その場で最も重要な人物に与えられる。第7代、庶民派で知られるJokowiことJoko Widodo大統領の就任式では、「民衆のシュクラン」と呼ばれる集会が行われ、Jokowi本人がtumpengを切り取って、民衆の代表として、女性タクシー運転手やパプアの市場で働く女性たち、物理学オリンピックで金メダルをとった女子高生に手渡した。約100万人の民衆が参加したとも推測されるこのシュクランは、インドネシアの人々の新政権への期待と、新大統領へのスタンスを如実に表すものとなった。

文 法 編

※白抜き数字は、音声のトラック番号です

36

文字と発音

場面活用編

文法編

付録

□ 281
berdiri [diri]　　立つ[自己]

□ 282
berbicara [bicara]　　話す

□ 283
bertemu [temu]　　会う

□ 284
berangkat [angkat]　　出発する[持ち上げる]

□ 285
berenang [renang]　　泳ぐ

□ 286
bekerja [kerja]　　働く

□ 287
bertengkar
[tengkar]　　口げんかをする

□ 288
beternak [ternak]　　牧畜を営む[家畜]

Saya sedang berdiri di depan stasiun.

私は今駅の前に立っています。

Kemarin saya berbicara dengan orang tua.

きのう私は親（ lit. 年取った人）と話した。

Saya harus bertemu dengan ibu guru.

私は（女の）先生に会わなければならない。

Mari kita berangkat pada jam delapan.

8時に出発しましょう。

Anak saya bisa berenang.

私の子どもは泳げる。

Om saya bekerja di Belanda.

私のおじは、オランダで働いている。

Saya bertengkar dengan adik saya.

私は弟／妹と口げんかをした。

Keluarga saya beternak di Hokkaido.

私の家族は北海道で牧畜を営んでいる。

37

文字と発音

場面活用編

文法編

付録

☐ 289
berubah [ubah]
変わる

☐ 290
belajar [ajar]
勉強する [教え]

☐ 291
berulang [ulang]
繰り返す [繰り返し]

☐ 292
berbaring [baring]
横たわる、寝ころぶ

・・

☐ 293
berékor [ékor]
尻尾を持つ [尻尾]

☐ 294
bermain [main]
遊ぶ、演奏する

☐ 295
beranak [anak]
(動物が) 子を産む [子ども]

☐ 296
berkeluarga
[keluarga]
家庭を持つ、結婚している
[家族]

Warna baju ini sudah berubah menjadi kuning.

この服の色は、もう変わって、黄色になった。

Dia suka belajar.

彼／彼女は勉強することが好きだ。

Saya harus berlatih secara berulang-ulang.

私は繰り返し繰り返し練習しなければならない。

Silakan berbaring di tempat tidur.

ベッドに横になってください。

Kucing saya berékor panjang.

私の猫は尻尾が長い。

Anak-anak bermain bola di sekolah.

子どもたちは、学校でサッカーをしている。

Anjing itu beranak kemarin.

その犬は昨日子どもを産んだ。

Dia masih muda tetapi sudah berkeluarga.

彼／彼女はまだ若いが、もう結婚している。

◀ 🎧38 ▶

文字と発音

場面活用編

文法編

付録

□ 297
berkembang
[kembang]
発展する [花]

□ 298
berkata [kata]
言う、言葉を遣う [言葉]

□ 299
berbohong
[bohong]
うそをつく [うそ]

□ 300
berteman [teman]
友達と付き合う [友達]

• •

□ 301
berhenti [henti]
止まる

□ 302
berjalan [jalan]
歩く [道]

□ 303
berlari [lari]
走る

□ 304
berkumpul
[kumpul]
集まる

negara berkembang

発展途上国、新興国

Bapak guru itu halus sekali dan tidak pernah berkata kasar.

その（男の）先生は丁寧な方で、乱暴な言葉遣いをしたことがない。

Jangan berbohong!

うそをつくな！

Saya berteman dengan Ani.

私はアニと友達付き合いをしている。

Tolong berhenti di sini.

ここで止まってください。

Saya selalu berjalan kaki dari stasiun.

私はいつも駅から歩く。

Jangan berlari di koridor!

廊下で走ってはいけません！

Bésok teman-temanku berkumpul untuk pengajian.

あした、私の友達がイスラームの勉強会のために集まります。

◀ 🎧 39 ▶

☐ 305

mengantar [antar]　送って行く

☐ 306

menjemput [jemput]　迎えに行く、迎えに来る

☐ 307

menunggu [tunggu]　待つ

☐ 308

memancing [pancing]　(魚を) 釣る

· ·

☐ 309

menjual [jual]　売る

☐ 310

membeli [beli]　買う

☐ 311

menulis [tulis]　書く

☐ 312

memakai [pakai]　使う、(衣類を) 着用する

Nanti supir saya akan mengantar Nona.

後で、私の運転手があなた (お嬢さん) を送って行きます。

Saya harus menjemput pacar saya.

私は恋人を迎えに行かなければならない。

Mau tunggu di lobi?

ロビーで待ってますか？

Kakék saya hobinya memancing.

私の祖父は、趣味が釣りです。

• •

Mobil ini mau dijual.
この車、売ります。

備考 dijualはmenjualのdi-形。文法 **34** および **32** 参照。

Meréka membeli apartemén di Jakarta.

彼らはジャカルタで高層マンションを買った。

Tadi malam saya menulis surat.
昨晩、私は手紙を書いた。

備考 tadi malamとmalam tadiは同じ意味。

Silakan pakai pakaian tradisional.
伝統衣装を着用してください。

備考 meN-(-kan, -i) 動詞の命令形はmeN-を取った形になる。

◀ 🎧40 ▶

□ 313
melihat [lihat]　　　見る

□ 314
menonton [tonton]　（芸能やテレビを）**見る、観賞する**

□ 315
mendengar [dengar]　聞く

□ 316
mengajak [ajak]　　　誘う

□ 317
mendaftar [daftar]　　登録する、申し込む [表、リスト]

□ 318
menyetir [setir]　　　運転する [ハンドル]

□ 319
mengerti [erti/arti]　分かる、理解する [意味]

□ 320
mengandung
[kandung]　　　　　**1) 含む　2) 妊娠する**
[実の、血のつながった]

Saya melihat mesjid yang indah sekali.

私はとても美しいモスクを見ました。

Nénék saya suka menonton sinétron.

私の祖母は、テレビドラマを見るのが好きだ。

Kami sedang mendengar musik.

私たちは、音楽を聞いている。

Silakan ajak teman-teman.

友達を誘ってください。

Anda harus mendaftar terlebih dahulu.

前もって、登録しなければなりません。

Siapa yang menyetir?

誰が運転するの？

Ya, saya mengerti.

はい、分かりました／分かります。

Makanan ini mengandung babi.

この食べ物は豚を含んでいる。

41

文字と発音

場面活用編

文法編

付録

□ 321

mengundang
[undang]

招待する

□ 322

menarik [tarik]

1) 引っ張る　2) 魅力的
[引っ張る]

□ 323

mendorong [dorong]

押す

□ 324

menghapus [hapus]

消す

□ 325

meninggal [tinggal]

亡くなる、この世を去る
[滞在する、残る]

□ 326

meninggalkan
[tinggal]

～を残して去る、～から去る
[滞在する、残る]

□ 327

merokok [rokok]

喫煙する [タバコ]

□ 328

melarang [larang]

禁止する

Seribu orang diundang untuk upacara pernikahannya.

その結婚式には 1000 人が招待された。

備考 diundangはmengundangのdi-形。

Perempuan itu sangat menarik.

その女性はとても魅力的だ。

Pintunya harus didorong dengan keras.

そのドアは、強く押さなければならない。

備考 didorongはmendorongのdi-形。

Tulisannya tolong dihapus ya.

書いたものを消してくださいね。

備考 dihapusはmenghapusのdi-形。

Mantan Présiden Soekarno meninggal dunia pada tahun 1970.

スカルノ元大統領は、1970 年にこの世を去った。

Jangan meninggalkan anak di mobil.

自動車に子どもを置き去りにしてはいけない。

Boléh saya merokok?

タバコを吸ってもいいですか？

Dilarang merokok di sini.

ここは禁煙です（lit. ここでは喫煙は禁じられています）。

備考 dilarangはmelarangのdi-形。

42

文字と発音

場面活用編

文法編

付録

□ 329

mencuci [cuci]　　洗う

□ 330

menyimpan [simpan]　　しまう、置いておく

□ 331

mengupas [kupas]　　皮をむく

□ 332

memotong [potong]　　切る、屠殺する

□ 333

mengiris [iris]　　薄切りにする

□ 334

mengaduk [aduk]　　かき混ぜる

□ 335

bumbu

合わせ調味料
（調味料や香辛料をすりつぶし、混ぜ合わせたもの。主にペースト状）

□ 336

mengulek [ulek]　　（石皿などで）すりつぶす

Wortel dicuci bersih.

ニンジンはきれいに洗う。

Adonan disimpan di tempat yang sejuk selama 1 jam.

練り粉は涼しい場所に１時間置いておきます。

Kentang sudah dikupas.

ジャガイモはもう皮をむいてある。

Daging sapi dipotong-potong kecil.

牛肉は小さく切ります。

Bawang mérah diiris tipis, lalu digoréng kering.

アカワケギは、薄く切って、それからからっと揚げます。

Aduk-aduk adonannya.

練り粉をかき混ぜなさい。

Sekarang kita membuat bumbu.

今から、ブンブ（合わせ調味料）を作りましょう。

Bahan bumbu diulek sampai halus.

ブンブ（合わせ調味料）の材料を、細かくなるまですりつぶします。

43

文字と発音

場面活用編

文法編

付録

□ 337
memasak [masak]
料理する、加熱調理する
[熟した、加熱してある、料理する]

□ 338
menumis [tumis]
炒める、炒め煮にする

□ 339
menggoréng
[goréng]
揚げる、ぱらっと炒める

□ 340
merebus [rebus]
ゆでる

・・

□ 341
memanggang
[panggang]
焼く、ローストする

□ 342
menyangrai [sangrai]
煎る

□ 343
membakar [bakar]
焼く

□ 344
mengukus [kukus]
蒸す

Ibu saya pintar memasak.

私の母は料理が上手です。

Bumbu ditumis sampai wangi.

ブンブ（合わせ調味料）は、香りが立つまで炒めます。

Daging ayam digoréng sampai kuning.

鶏肉はキツネ色に（lit.黄色く）なるまで揚げます。

Telur direbus sampai matang lalu dikupas.

卵は、火が通るまでゆでて、それから殻をむきます。

- -

Saya suka ikan laut yang dipanggang.

私は焼いた海の魚が好きだ。

Wijén yang disangrai sering digunakan di dalam masakan Jepang.

煎りごまは、よく日本料理に使われる。

Ayah saya sedang membakar saté ayam.

父は今、サテアヤム（鶏の串焼き）を焼いている。

Alat untuk mengukus di Indonésia bervariasi tergantung daérah.

インドネシアでは、蒸すための道具は、地域によってバリエーションがある。

文字と発音

場面活用編

文法編

付録

◀ 🎧44 ▶

□ 345
meniriskan [tiris]
水を切る

□ 346
memanaskan [panas]
熱くする、温める [熱い、暑い]

□ 347
membersihkan [bersih]
きれいにする [きれいな、清潔な]

□ 348
mendidih [didih]
沸騰する [沸騰した状態の]

□ 349
mendidihkan [didih]
沸騰させる [沸騰した状態の]

□ 350
menyalakan [nyala]
（火や電灯を）つける [つく、ついている]

□ 351
mematikan [mati]
（火や電灯を）消す [死ぬ、消える]

□ 352
mengecilkan [kecil]
小さくする [小さい]

Tiriskan air rebusan.

ゆで汁を切る。

Masakannya dipanaskan dulu, ya.

お料理は、まず温めてね。

Ikan harus dibersihkan.

魚はきれいにしなければならない。

Tunggu sampai air mendidih.

お湯が沸騰するまで待ちなさい。

Air minum harus dididihkan dulu di Indonésia.

インドネシアでは、飲み水は、まず沸騰させなければならない。

Tadi saya menyalakan lampu di kamar.

さっき私は部屋の電灯をつけた。

Setelah mendidih, matikan kompor.

沸騰したら、コンロを消してください。

Apinya dikecilkan.

火を小さくします。

◀ 🎧45 ▶

□ 353
makanan [makan]　　食べ物 [食べる]

□ 354
minuman [minum]　　飲み物 [飲む]

□ 355
masakan [masak]　　料理 [料理する]

□ 356
goréngan [goréng]　　揚げ物（かき揚げやバナナの天ぷらのような、主にスナック用の揚げ物）[揚げる]

· ·

□ 357
cucian [cuci]　　洗い物 [洗う]

□ 358
jemuran [jemur]　　干してあるもの
[（日光に当てて）干す]

□ 359
bacaan [baca]　　読み物 [読む]

□ 360
tulisan [tulis]　　1) 文章　2) 筆跡 [書く]

Ada makanan ringan?

軽食（[lit.]軽い食べ物）はある？

Miras adalah singkatan dari minuman keras.

ミラスとは、アルコール飲料（[lit.]きつい飲み物）の略語である。

Masakan Jepang sangat populér di Indonésia.

日本料理は、インドネシアではとても人気だ。

Setiap pagi saya makan goréngan.

私は毎朝、朝食に揚げ物を食べる。

• •

Cuciannya menumpuk.

洗い物が山のようにたまっている。

Tolong angkat jemuran kalau mau hujan.

もし雨が降りそうだったら、洗濯物を取り込んでね。

Saya suka bacaan yang ringan.

私は軽い読み物が好きです。

Tulisannya bagus sekali.

その文章／字はとても素晴らしい。 備考 -nyaは、「彼の／彼女の」を表すこともある。

◀ 🎧46 ▶

☐ 361
laporan [lapor]　　報告、報告書 [報告する]

☐ 362
bantuan [bantu]　　援助 [助ける]

☐ 363
atasan [atas]　　上司 [上]

☐ 364
pacaran [pacar]　　デート [恋人]

• •

☐ 365
turunan [turun]　　派生物、派生品 [降りる、下る]

☐ 366
olahan [olah]　　加工品 [加工する]

☐ 367
pilihan [pilih]　　選択肢、選ばれたもの [選ぶ]

☐ 368
pimpinan [pimpin]
指導部、上層部
[（リーダーが支配下の組織を）統率する、指導する]

Laporan selesai.

報告終わり。

Banyak masjid mengirim uang bantuan untuk korban bencana tsunami di Jepang.

多くのモスクが、日本の津波被災者のために援助金を送った。

Atasan saya baik sekali.

私の上司は、とてもいい人です。

Tini berpacaran dengan Agus.

ティニはアグスと付き合っている。

備考 接尾辞-anで作った派生語に、さらに動詞化の接頭辞ber-が付いている。

Menurut agama Islam, Muslim tidak boléh makan daging babi dan turunannya.

イスラーム教によれば、ムスリムは豚肉やその派生品を食べてはならない。

Banyak makanan olahan mengandung zat babi di Jepang.

日本では、多くの加工食品が豚の要素を含んでいる。

Pilihan ménu halal yang ada di kantin universitas-universitas Jepang sangat terbatas.

日本の大学の食堂にあるハラールのメニューは非常に限られている。

Pimpinan perusahaan bertanggung jawab atas kehalalan produksinya yang sudah dapat sertifikat halal.

会社の指導部は、ハラール認証を取った製品のハラール性に責任がある。

47

文字と発音

場面活用編

文法編

付録

☐ 369

harian [hari] 日ごとの、日刊の[日]

☐ 370

mingguan [minggu] 週ごとの、週刊の[週]

☐ 371

bulanan [bulan] 月ごとの、月刊の[月]

☐ 372

tahunan [tahun] 年ごとの、年間の[年]

☐ 373

puluhan [puluh] 数十の[十]

☐ 374

ratusan [ratus] 数百の[百]

☐ 375

ribuan [ribu] 数千の[千]

☐ 376

jutaan [juta] 数百万の、100万台の[100万]

Saya mau membeli koran harian.

私は、日刊紙を買いたい。

Majalah itu mingguan.

その雑誌は、週刊だ。

Gajinya bulanan.

給与は月給制だ。

Saya membuat laporan tahunan perusahaan.

私は会社の年次報告を作る／作った。

Bangunan ini berusia puluhan tahun.

この建物は築数十年だ（ lit. 数十年の年齢だ）。

Hadiah pulsa gratis ratusan ribu Rupiah!

数十万ルピア分の無料の（プリペイド携帯電話の）度数プレゼント！

Ribuan penggemar sepak bola berkumpul di lapangan itu.

数千のサッカーファンがその広場に集まった。

HP murah harganya satu jutaan.

安い携帯電話の値段は 100 万ルピア台だ。

48

□ 377
keadaan [ada]
状態 [ある、いる]

□ 378
keséhatan [séhat]
健康 [健康な]

□ 379
keperluan [perlu]
必要なもの、必要性
[必要である、必要な]

□ 380
kepercayaan [percaya]
信仰 [信じる]

備考　インドネシアには、公認された六つの宗教Agama（イスラームIslam, カトリックKatolik, プロテスタントProtestan, 仏教Buddha、孔子教Konghucu）の他に、信仰と呼ばれるものがある。インドネシア人はいずれかの宗教か信仰を信じなければならない。

□ 381
kemungkinan [mungkin]
可能性、可能性がある
[たぶん〜だろう]

□ 382
keturunan [turun]
子孫、〜系の [降りる、下る、下がる]

□ 383
kejadian [jadi]
事件 [成立する、起こる]

□ 384
kekayaan [kaya]
豊かさ、豊富さ
[豊かな、豊富な、金持ちの]

Bagaimana keadaannya?

状態は、いかがですか？

Saya mau masuk asuransi keséhatan.

私は健康保険に入りたい。

Uangnya tidak cukup untuk membeli keperluan anak.

子どもに必要なものを買うのに、お金が足りない。

Saya mau belajar tentang agama dan aliran kepercayaan di Indonésia.

私は、インドネシアにおける宗教と信仰について勉強したい。

Kemungkinan besar dia tidak akan datang.

おそらく彼／彼女は来ないだろう（ⓛⓘⓣ 彼／彼女が来ない可能性は大きい）。

Dia orang Indonésia keturunan Tionghoa.

彼／彼女はインドネシア華人（ⓛⓘⓣ 中華系インドネシア人）だ。

Di rumah itu ada kejadian yang anéh.

その家では、奇妙な事件が起こった。

Kita harus memanfaatkan kekayaan sumber daya Indonésia untuk mengatasi kemiskinan.

私たちは、貧困を克服するために、インドネシアの資源の豊かさを活用しなければならない。

49

文字と発音

場面活用編

文法編

付録

☐ 385
kehilangan [hilang]　1) 紛失　2) 喪失感
[消える]

☐ 386
kesenian [seni]　芸術 [芸術的な]

☐ 387
kehujanan [hujan]　雨に降られる [雨]

☐ 388
kebetulan [betul]　たまたま、偶然 [本当の]

・・

☐ 389
keberatan [berat]　重すぎる、負担に感じる [重い]

☐ 390
kekecilan [kecil]　小さすぎる [小さい]

☐ 391
kepanasan [panas]　暑すぎる、暑さで具合が悪くなる [熱い、暑い]

☐ 392
kedinginan [dingin]　寒すぎる、冷たすぎる
[寒い、冷たい]

Kalau Ibu pulang kampung, saya akan kehilangan.

（目上の女性に対して）あなたが田舎に帰ってしまったら、私は寂しくなるわ。

Saya mau pergi menonton Pésta Kesenian Bali.

私は、バリ芸術祭を見に行きたい。

Saya masuk angin karena kehujanan kemarin.

昨日雨に降られて、風邪をひいた。

Kebetulan saya ketemu dengan teman sekampung di Surabaya.

スラバヤで、同郷の友達に偶然会った。

Kalau tidak keberatan, saya mau menitip ini.

もし負担でなければ、これを預けたいんですが。

Sepatu saya kekecilan dan topi saya kebesaran.

私の靴は小さすぎて、帽子は大きすぎる。

Ayah saya kepanasan dan kecapaian.

父は暑さに負け、疲れ果てている。

Tolong matikan AC, saya kedinginan.

エアコンを消してください、寒すぎます。

◀ 🎧 50 ▶

☐ 393
terbuka [buka]　　　**開いている** [開く、開ける]

☐ 394
tertutup [tutup]　　　**閉まっている** [閉まる]

☐ 395
tertulis [tulis]　　　**文字で書かれている** [書く]

☐ 396
tertangkap [tangkap]　　**捕まる** [捕まえる]

☐ 397
terhapus [hapus]　　（間違えて）**消してしまう、**
　　　　　　　　　　　（文字などが）**消されてしまう** [消す]

☐ 398
tertelan [telan]　　　**飲み込まれる、**（間違えて）**飲み込んでしまう** [飲み込む]

☐ 399
tersedia [sedia]　　　**用意されている**
　　　　　　　　　　　[用意ができた、準備ができた]

☐ 400
terpenuhi [penuh]　　（条件などが）**満たされている**
　　　　　　　　　　　[満杯の]

文字と発音

場面活用編

文法編

付録

Jendélanya terbuka.

その窓は開けっ放しだ。

Pintunya tertutup.

そのドアは閉まっている。

Belum ada peraturan tertulis tentang hal itu.

そのことについて、明文化された規則はまだない。

Pencuri tertangkap polisi.

泥棒が警察に捕まった。

Éh, tulisannya terhapus!

あっ、書いたものを消してしまった！

Bagaimana cara mengobati duri ikan yang tertelan dan tersangkut di tenggorokan?

飲んでしまって、喉にひっかかった魚の小骨（ lit. トゲ）を治療するのは、どんな方法ですか？

Di sini tersedia hidangan Jepang yang halal.

ここでは、ハラールの日本食をご用意しております。

Persyaratan dari badan sertifikat halal sudah terpenuhi.

ハラール認証機関からの要件をすでに満たしています。

文字と発音
場面活用編
文法編
付録

□ 401

ter- 形容詞 　　　　　　**最も〜である** (最上級)

□ 402

yang paling 〜 　　**最も〜である** (最上級)

□ 403

sulit / susah 　　　(難易度が) **難しい**

□ 404

mudah / gampang 　(難易度が) **易しい**

□ 405

muda 　　　　　　(年齢が) **若い**、(色が) **薄い**

□ 406

tua 　　　　　　　(年齢が) **年長**、(色が) **濃い**

□ 407

kental 　　　　　　(濃度が) **濃い**

□ 408

éncér 　　　　　　(濃度が) **薄い**

Hotél ini termahal di Tokyo.

このホテルは東京で最も高価だ。

Ini yang paling murah.

これが一番安いものです。

Tulisan bahasa Jepang termasuk yang paling sulit di dunia.

日本語の表記は、世界でも最も難しいものに入る。

Sedangkan bahasa Indonésia bisa disebut bahasa yang termudah di dunia.

一方、インドネシア語は世界で最も易しい言語と言える。

• •

Gadis muda itu selalu memakai baju berwarna mérah muda.

その年若い少女は、いつもピンク（(lit.)薄い赤）の服を着ている。

Nénék yang tua itu suka warna biru tua.

その年取ったおばあさんは紺色（(lit.)濃い青）が好きだ。

susu kental manis

コンデンスミルク（(lit.)甘くて濃いミルク）

Masukkan santan éncér.

薄いココナツミルク（二番絞りのココナツミルク）を入れる。

文字と発音

場面活用編

文法編

付録

□ 409
mencintai [cinta]　愛する [愛]

□ 410
menemui [temu]　会う

□ 411
memenuhi [penuh]
1) （場所を）満たす
2) （条件などを）満たす [満杯な、満員の]

□ 412
mempunyai [punya]　持っている

・・・・・・・・・・・・・・・・・・・・・・・・・・・・・・・・・・・・

□ 413
menyetujui
[(tuju→) setuju]
賛成する、同意する
[賛成である]

□ 414
mengetahui [tahu]　知る [知っている]

□ 415
menikahi [nikah]
= menikah dengan
〜と結婚する [結婚する、結婚している]

□ 416
menjauhi [jauh]　遠ざける

Aku mencintaimu.

僕は君を愛している。

備考 mencintaimu = mencintai kamu

Dia mau menemui dirékturnya.

彼／彼女は、その社長に会おうとしている。

Kita harus memenuhi syarat-syarat dari importir.

私たちは、輸入業者からの条件を満たさなければならない。

Penyanyi itu mempunyai suara yang merdu.

その歌手は、美しい声を持っている。

- -

Saya tidak bisa menyetujui rencana Anda.

あなたの計画には賛同できない。

Bagaimana cara mengetahui jika seseorang
mencoba membohongi kita?

誰かが私たちをだまそうとしたときに、（そのことを）知るにはどうすればいい
のですか？（lit.知る方法はどんなですか？）

Saya ingin menikahi orang kaya.

私はお金持ちと結婚したい。

Entah kenapa ia menjauhi saya.

なぜか分からないが、彼／彼女は私を遠ざけている。

備考 entahは「知らない」ことを示す表現。

53

□ 417

penulis [tulis]　　　著者、筆者 [書く]

□ 418

pembaca [baca]　　　読者 [読む]

□ 419

pemimpin [pimpin]　　指導者、リーダー [（集団の進む道を）導く、リードする]

□ 420

pengirim [kirim]　　　送り主、送付者 [送る、送付する]

□ 421

penerima [terima]　　受取人 [受け取る]

□ 422

penonton [tonton]　　観客 [（芸能・映画・テレビなどを）見る]

□ 423

pekerja [kerja]　　　労働者 [働く]

□ 424

pembantu [bantu]　　1) 家政婦（= penbantu rumah tangga）
　　　　　　　　　　　　2) 補佐 [手伝う]

文字と発音

場面活用編

文法編

付録

Penulis makalah ini adalah profésor pembimbing saya.

この論文の著者は、私の指導教授です。

Koméntar dari pembaca.

読者からのコメント。

Dia pemimpin yang baik.

彼／彼女はよい指導者だ。

Silakan tulis nama pengirim di sini.

ここに送り主の名前を書いてください。

∙∙

Surat ini harus diterima oléh si penerima sendiri.

この手紙は、受取人ご本人が受け取らなければならない。

Kami menyediakan berbagai hadiah untuk para penonton acara TV.

私たちは、テレビ番組の視聴者たちのために、さまざまなプレゼントを用意した。

Pekerja anak adalah anak kecil yang diperkerjakan.

児童労働者とは、働かされている小さな子どものことである。

備考 diperkerjakanは、kerja＋複合接辞memper-kanで動詞化し、受け身のdi-形にしたもの。

1) Saya butuh pembantu rumah tangga.
2) Beliau telah menjadi pembantu réktor.

1)私は家政婦を必要としています。2)あの方は、もう学長補佐になりました。

54

文字と発音

場面活用編

文法編

付録

□ 425
penumpang
[tumpang]
乗客 [（乗り物）に乗る]

□ 426
penghapus [hapus]
消しゴム、黒板消し [消える]

□ 427
penggaris [garis]
定規 [線]

□ 428
pemanis [manis]
甘味料 [甘い]

□ 429
pewarna [warna]
着色料 [色]

□ 430
pemutih [putih]
漂白剤 [白い]

□ 431
pengémulsi [emulsi]
乳化剤 [乳化]

□ 432
pengawét [awét]
保存料 [長持ちする]

Para penumpang yang terhormat, selamat datang di Garuda Indonésia.

敬愛する乗客の皆さま、ガルーダインドネシア（航空）へようこそ。

Pinjam penghapus.

消しゴムを借りるよ。

Saya punya penggaris plastik.

私はプラスチックの定規を持っている。

Lebih bagus memakai pemanis alam seperti gula mérah daripada pemanis buatan.

人工甘味料よりも、ヤシ砂糖（lit. 赤い砂糖）のような自然の甘味料を使った方がいい。

Warna mérah ini bukan dari pewarna buatan, tetapi dari warna daun asli.

この赤い色は、人工着色料からではなく、本物の葉っぱの色からだ。

Fungsi pemutih bukan hanya memutihkan, tetapi juga membunuh baktéri.

漂白剤の機能は、白くするだけでなく、菌を殺すこともある。

Kita harus hati-hati karena pengémulsi sering mengandung zat non-halal.

乳化剤はしばしばノンハラールな成分を含んでいるので、注意しなければならない。

Apakah pengawét ini aman?

この保存料は安全ですか？

55

□ 433

pekerjaan [kerja]　　**仕事、職業** [働く]

□ 434

pengetahuan [tahu]　**知識** [知る]

□ 435

pendekatan [dekat]　**アプローチ、方法論**
[近い→に近づく]

□ 436

penerbangan
[terbang]　　　**飛行、** （航空機の）**便** [飛ぶ]

□ 437

pendapatan [dapat]　**収入** [得る、可能]

□ 438

pendapat [dapat]　**意見、考え** [得る、可能]

□ 439

pembangunan
[bangun]　　　**開発** [起きる、起き上がる]

□ 440

bangunan [bangun]　**建物** [起きる、起き上がる]

Apa pekerjaan ayahmu?

君のお父さんの職業は何？

ilmu pengetahuan alam

自然科学

Skripsi ini menggunakan pendekatan sosiologi.

この卒業論文は、社会学のアプローチを使用している。

Penerbangan dari Jakarta telat tiga jam.

ジャカルタからの便が3時間遅れた。

Pendapatannya cukup besar.

彼／彼女の収入は、かなり多い（lit. 十分大きい）。

Bagaimana pendapat Anda?

あなたの意見はいかがですか？

pembangunan dan perkembangan negara

国家の開発と発展

Bangunan itu belum selesai.

その建物はまだ完成していない（lit. まだ終わっていない）。

55 複合接辞per-anで作る名詞

55 複合接辞per-anで作る名詞

ᐸ **🎧56** ᐳ

□ 441

perkotaan [kota]　都市部 [市、街、市街地]

□ 442

pertokoan [toko]　商店街 [店]

□ 443

perkantoran [kantor]　1) オフィス街　2) 事務所 [オフィス]

□ 444

perawakan [awak]　体格 [体]

□ 445

permintaan [minta]　需要 [〜を下さい、お願いする]

□ 446

pernikahan [nikah]　結婚 [結婚する]

□ 447

perjanjian [janji]　協定 [約束]

□ 448

percobaan [coba]　試し、試用 [試す、やってみる]

文字と発音

場面活用編

文法編

付録

Penduduk di perkotaan lebih banyak daripada di pedésaan.

都市部の人口は、村落部より多い。

Pertokoan ini sepi sekali.

この商店街はとてもさびれている（lit. とても静かだ）。

Kantor saya ada di perkantoran.

私の事務所は、オフィス街にある。

Perawakannya tinggi besar.

彼／彼女の体格は、背が高くてがっしりしている。

・・・・・・・・・・・・・・・・・・・・・・・・・・・・・・・・・・

permintaan dan persediaan

需要と供給

Bésok ada upacara pernikahan saudara saya.

明日、私の親戚の結婚式があります。

perjanjian di antara Républik Indonésia dan Jepang

日本とインドネシアの間の協定

Masa percobaannya dua bulan.

試用期間は、2 カ月です。

□ 449

A karena B
/ Karena B, A

B だから A

□ 450

A sesudah B
/ Sesudah B, A

B の後で A

□ 451

A sebelum B
/ Sebelum B, A

B の前に A

□ 452

A, kemudian B
/ A, lalu B

A、それから B

□ 453

A kalau B
/ Kalau B, A

もし B なら、A

□ 454

A asal B
/ Asal B, A

B さえすれば、A

□ 455

A waktu B
/ Waktu B, A

B のとき、A

□ 456

Walau A, B
/ B walau A

A であっても、B

Saya suka kué ini karena tidak terlalu manis.

甘すぎないから、私はこのお菓子が好きだ。

Sesudah gempa bumi yang besar, kemungkinan terjadi tsunami.

大きな地震の後には、津波が起こる可能性がある。

Kita harus bersiap-siap sebelum terjadi sesuatu.

何かある前に、私たちは準備をしておかなければならない。

Mari kita jalan-jalan dulu, lalu makan bersama-sama.

まずはぶらぶらして、それから一緒に食べましょう。

Kalau mau sholat (salat), silakan sholat (salat) dulu di sini.

もし礼拝したければ、まずはここで礼拝をしてください。

Asal bapak senang, tidak apa-apa.

お父さん（目上の男性、既婚男性）が喜んでいさえすれば、大丈夫だ。

Saya pernah ke Belanda waktu masih kecil.

私は小さいころ、オランダに行ったことがある。 備考 jikaも同様に使える。

Walau sedikit, tidak boléh menggunakan alkohol untuk makanan.

たとえ少しでも、食べ物にアルコールを使ってはいけない。

インドネシア人と食事をする ― それってハラール？

インドネシアは、人口の9割弱がムスリム（イスラーム教徒）で、世界最大のムスリム人口を擁する国として、近年注目を集めている。イスラーム法で許されていることをハラール（halal）、禁じられていることをハラーム（haram）、疑わしいことをシュブハ（syubhat）という。ハラームな飲食品は、豚肉やアルコール飲料だけではない。有害なもの、イスラーム法に則って屠畜していない動物の肉、血、肉食動物、猛禽類、異教の神への捧げものもハラームだ。豚肉から作るハムもベーコンも、豚骨スープもラードも食べられない。正しく屠畜された牛・羊・鶏などのハラール肉、卵、ミルク、植物性の食材は基本的にハラールである。水の世界に生きるものやイナゴには屠畜の規則は適用されないので、魚介類や鯨肉やイナゴなら、異教徒が処理したものでも食べられる。

ハラームなものは、汚物と同様に不浄（najis）とされる。豚と犬は特に重度の不浄である。これを浄めるには7回の洗浄が必要で、うち1回はきれいな土を使わなければならない。不浄は触れたものに感染するので、重度の不浄に触れると重度の不浄になる。

豚からは、ショートニング、乳化剤、発酵改良材、システイン、活性炭、ゼラチン、コラーゲン、豚毛のブラシなど多種多様なものができる。食品工業の近代化に伴って、あるものがハラールかどうかを判断することは複雑な問題になり、専門機関によるハラール認証の制度ができた。2000年に起こったアジノモト・インドネシア事件では、ハラール認証を受けていた味の素の製造過程で、菌を保存するために外部から購入して使用していた培地の種類を変更したところ、その培地が豚由来酵素を触媒として作られていたことが分かり、大問題になった。原材料でなくても、触媒や包装材や道具にノンハラールなものが使われていれば、厳しいハラール認証の世界ではアウトである。

インドネシアのハラール認証では、合成エタノールを生産ラインや道具の殺菌に使っても構わない。味噌のような自然発酵による低濃度のアルコールを含む食べ物も、製造過程でアルコールの状態を通り抜ける醸造酢も、ハラールである。しかし、飲食物にアルコールを加えることは許されない。保存料として味噌や醤油にアルコールを添加するのもだめだし、煮切り酒やみりんを使った料理もハラール認証は得られない。

ただし、消費者の感覚は認証基準と同じとは限らない。多くのムスリムは、豚由来の物質に対しては、生理的な嫌悪感を抱き、激しく拒絶する。しかし、インドネシアには、酒に関しては比較的抵抗が少なく、少量を味付けに使う程度ならば問題ないと考える人も多い。酔わなければいいと言って、ビールや酒をたしなむ人さえいる。

インドネシアはイスラーム国家ではなく、六つの宗教が公認されている。非ムスリムも大勢いるし、中国系やインド系の人にも、それぞれ独特の食タブーを持つ人がいる。インドネシア人と食事をするときには、まずは、相手がどんなものを食べられるのか、どんなものを食べられないのか、コミュニケーションをとることが大事なのだ。

付 録

※<u>白抜き数字</u>は、音声のトラック番号です

■1 人称代名詞と人称接辞

(1)人称代名詞　◀ 🎧58 ▶

1人称	saya	私
	kami	私たち（聞き手を含まない）
	kita	私たち（聞き手を含む）
	aku	俺、あたし

2人称	Anda	あなた
	Anda sekalian	あなたがた
	kamu	君、おまえ
	engkau	君
	kalian	君たち、おまえたち

3人称	dia	彼／彼女／それ
	beliau	あの方
	meréka	彼ら／彼女ら／それら

(2)人称接辞　◀ 🎧59 ▶

ku-	あたしが、俺が （akuの短縮形）
-ku	あたしの、俺の （akuの短縮形）
kau-	君が （engkauの短縮形）
-mu	君の （kamuの短縮形）
-nya	その、彼／彼女／彼らの、それ／彼／彼女／彼らが（文法的には3人称にあたるが、人称にかかわらず、前出のものに対して定冠詞のように使うことがある）

60

2 人間関係を表す言葉で、人称代名詞代わりに使われるもの

bapak（短縮形はpak）	父
ibu（短縮形はbu）	母
adik（短縮形はdik）	弟・妹（年下のきょうだいの総称）
kakak（短縮形はkak）	兄・姉（年上のきょうだいの総称）
saudara	親戚、兄弟
saudari	saudaraの女性形
nona（短縮形はnon）	お嬢さん
mas	若い男性・兄（ジャワ語のkangmasから）、妻から夫への呼称
mbak	若い女性・姉（ジャワ語のmbakyuから）
abang（短縮形はbang）	若い男性・兄（主にスマトラ出身者に対して）
tuan	旦那様・ご主人様（主に外国籍の人に対して）
nyonya	奥様・ご夫人（主に外国籍の人に対して使う語だったが、近年は一般に上流婦人を指す）

3 人間関係

ayah	父
anak（短縮形はnak）	子ども
kakék（短縮形はkék）	祖父
nénék（短縮形はnék）	祖母
teman / kawan	友達
pacar	恋人
suami	夫
istri	妻
mertua	しゅうと・しゅうとめ
menantu	婿・嫁
bésan	子どもの結婚相手の両親

4 職業

医療、呪術

dokter	医師、医者
perawat [rawat]	看護師 [看護する]
bidan	助産師
pasién	患者
dukun	治療者、呪術師、呪医
dukun beranak	産婆
dukun patah tulang	接骨医
dukun santét	呪術師、黒魔術師

教員、宗教者

guru	（小学校、塾、習い事、コーラン学校などの）教師
pengajar [ajar]	（中学、高校、他一般的な）教師 [教え]
dosén	（大学の）講師、教師
profésor	教授
dékan	学部長
réktor	学長
imam	イスラームの集団礼拝の際のリーダー役
pendéta	キリスト教の宣教師、ustad / ustaz イスラームの導師

児童、生徒、学生、学位

murid	（小学校の）児童、（一般的な学校の）生徒
siswa	（中学、高校の）生徒
mahasiswa	（大学、大学院の）学生、院生
doktor	博士
master	修士
sarjana	学士

職員

pegawai	職員
pegawai negeri	公務員
karyawan	従業員（男性）
karyawati	従業員（女性）

行政

kepala désa (略称はKadés)	村長（désaの長）
lurah	町長（kelurahanの長）
camat	郡長（kecamatanの長）
bupati	県知事（kabupaténの長）
walikota	市長（kotaの長）
gubernur	州知事（provinsiの長）
menteri	大臣
présidén	大統領

軍人、警官、警備員

tentara	軍人
polisi	警官
ABRI	旧インドネシア国軍（Angkatan Bersenjata Républik Indonésiaの略、陸海空軍と警察を含む）
satpam	警備員
TNI	インドネシア国軍（Tentara Nasional Indonesia、陸海空軍から成る）

その他

sopir / supir	運転手
kondéktur	車掌
pembantu / pembantu rumah tangga	家政婦
tukang	～屋、～するのが仕事の人、いつも～する人、大工
tukang kayu	大工
tukang sayur	野菜売り
tukang cuci	洗濯屋、洗濯担当の家政婦
tukang lupa	忘れっぽい人
koki, tukang masak	コック、料理担当の家政婦
shéf	シェフ
laundry kiloan	キロ単位で洗濯を請け負うクリーニング屋
petani [tani]	農家
kuli	ポーター
buruh	肉体労働者、賃労働者

5 飲み物　minuman

air	水
bir	ビール
és	氷、氷入りの飲み物、かき氷
és batu	氷、塊の氷（(lit.)石の氷）
susu	ミルク
kopi	コーヒー
téh	茶
és téh	冷たい茶、アイスティー
és téh manis	甘いアイスティー
és téh tawar	砂糖抜きのアイスティー
jus	ジュース

6 果物 buah-buahan

(1)日本でもなじみのあるフルーツ

apel	リンゴ
anggur	ブドウ
arbéi	キイチゴなどベリーの仲間の総称
strobéri	イチゴ
mélon	メロン
semangka	スイカ
kesemek	柿（インドネシアでは、柿は稀で不味い。日本の柿は珍しくて喜ばれる）
nanas	パイナップル
mangga	マンゴー
pisang	バナナ
pepaya	パパイヤ
alpukat	アボカド

(2)かんきつ類

jeruk (jeruk manis)	ミカン（(lit.)甘いかんきつ類）
jeruk nipis	ライム
jeruk limau	ライムに似た小さなかんきつ類、果汁を料理に用いる *Citrus ambluycarpa*
jeruk bali	ザボンの一種

(3)日本ではなじみのないフルーツ

jambu / jambu biji / jambu batu	グアバ *Psidium guajava*
jambu air	ミズレンブ *Eugenia aquea*
jambu mété / jambu médé / jambu monyét	カシューの実、カシューナッツの木の花托(かたく)の部分
sirsak	トゲバンレイシ *Annona muricata*
durian	ドリアン *Durio zibethinus*
rambutan	ランブータン *Nephelium lappaceum*
nangka	ジャックフルーツ（パラミツ）*Artocarpus heterophyllus*
cempedak	コパラミツ *Artocarpus champeden*
manggis	マンゴスチン *Garcinia mangostana*
sukun	タネナシパンノキの実 *Artocarpus incissu*s
keluih	タネパンノキの実 *Artocarpus communis*
salak	サラカヤシ *Salacca edulis*
duku	ドゥク *Lansium domesticum*
belimbing / belimbing manis	スターフルーツ（ゴレンシ）*Averrhoa carambola*

7 食器・食具、その他

séndok	スプーン
séndok makan	食事用のスプーン、大さじ
séndok téh	ティースプーン、小さじ
garpu	フォーク
sumpit	箸
piring	皿
mangkok	わん、どんぶり
gelas	グラス、コップ
cangkir	カップ、茶わん
tatakan [tatak]	下に敷くもの [下に敷く]
tatakan gelas	コースター
tatakan panci	鍋敷き
piring tatakan cangkir	ソーサー
tisu	ティッシュ、紙ナプキン
tisu toilét	トイレットペーパー
asbak	灰皿
rokok	たばこ
korék api	マッチ

8 温度、状態、味を表す形容詞

温度 suhu、状態 keadaan

panas	熱い、暑い
dingin	冷たい、寒い
hangat	暖かい、温かい
sejuk	涼しい
matang	(果物などが) 熟している、(料理に) よく火が通っている
mentah	(果物などが) 未熟である、(料理が) 生である、火が通ってない
segar	新鮮な、フレッシュな

味　rasa

énak	おいしい、気持ちいい、快適な
sedap	おいしい、美味である
gurih	(油脂分とうまみがあって) おいしい
sepat	渋い
tawar	味が薄い、味がない、砂糖抜きの
hambar	味気がない、塩気が足りなくてまずい、水っぽい

9 食べ物、主な食材

A_ 食べ物 makakan

nasi	米飯、食事
mi	麺類（正式なつづりはmiだが、しばしばmieと書く）
bihun	ビーフン、mihunと書くこともある
bakso	肉団子、魚のツミレ団子（basoと書いてあることも多い）
bubur	粥、ぜんざい
sop	スープ
roti	パン
kué	菓子
kerupuk	マニオク／キャッサバのでんぷんで作った軽い揚げせんべい、エビ味のものが代表的
emping	melinjo（グネツム *Gretum gnemon*）の実をたたきつぶして作った揚げせんべい、ほろ苦い

B_ 食材 1_ 魚 ikan-ikan

air tawar	淡水（lit. 味のない水）
air payau	汽水
air laut	海水
ikan air tawar	淡水魚
ikan emas	コイ *Carassius auratus*
ikan lélé	ナマズ *Clarius batrachus*
ikan laut	海水魚

B_ 食材 2_ その他のシーフード　Seafood yang lain

udang	エビ
cumi-cumi	イカ、ヤリイカのような細長いイカの総称
sotong	イカ、コウイカの仲間の総称
gurita	タコ
kerang	二枚貝の総称
tiram	カキ
kepiting / ketam	カニの仲間の総称

B_ 食材 3_ 卵　telur

telur ayam	鶏卵
telur asin	塩卵、アヒルの卵を塩漬けにしたもの

B_ 食材 4_ 乳、乳製品　susu, olahan susu

susu	ミルク
yoghurt	ヨーグルト
kéju	チーズ

B_ 食材 5_ 花

jantung pisang	バナナの花（lit. バナナの心臓）
bunga pepaya / kembang pepaya	パパイヤの花、雄花を食用にする
kembang kol / kubis bunga / blumkol	カリフラワー
brokoli	ブロッコリー

B_ 食材 6_ 実

tomat	トマト
térung / térong	ナス
melinjo / belinjo	グネツム・グネモンの実 *Gnetum gnemon*
mentimun / ketimun	キュウリ
peria / paria / paré	ニガウリ／ゴーヤ
oyong / gambas	トカドヘチマ *Luffa acutangula*
petai / peté	ネジレフサマメ *Parkia speciosa*
ercis	サヤエンドウ
buncis	サヤインゲン
kacang panjang	ナガササゲ
jipang / labu siam	ハヤトウリ
labu manis / labu mérah	カボチャ
jagung	トウモロコシ

B_ 食材 7_ ナッツと豆 (kacang-kacangan)

kacang / kacang-kacangan	豆、ナッツ類の総称
kacang tanah	南京豆、ピーナッツ（まれにバンバラマメ）
kacang kedelai	大豆

B_ 食材 8_ 豆製品 (olahan kacang)

togé /taogé / taugé	モヤシ
tahu	豆腐
kembang tahu	湯葉
témpé	テンペ、大豆をクモノスカビで発酵させたもの、白い塊になる
oncom	オンチョム、大豆のおからあるいはピーナツ油の絞りかすをアカパンカビで発酵させたもの、赤っぽい煉瓦のような塊になる

B_ 食材 9_ バワンの仲間 (jenis-jenis bawang)

bawang bombai	タマネギ（lit. ボンベイのバワン）
daun bawang	ネギ（lit. バワンの葉）
bawang putih	ニンニク（lit. 白いバワン）
bawang mérah	アカワケギ、シャロット（lit. 赤いバワン）

B_ 食材 10_ キノコ (jamur)

jamur	菌類、キノコ、カビなどの総称

B_ 食材 11_ 葉物 (daun-daunan)

kubis / kol	キャベツ
kangkung	クウシンサイ／エンサイ
bayam	ヒユナ（葉物野菜の一種、ゆでるとホウレンソウのような食感になる）
sawi putih	ハクサイ
selada	レタス、サラダ菜の総称
daun kemangi	ホーリーバジル *Ocimum sanctum*

B_ 食材 12_ イモ、根菜（umbi-umbian）

singkong/ubi kayu	マニオク／キャッサバ
ubi manis/ubi jalar	サツマイモ
talas/keladi	タロイモ
kentang	ジャガイモ
lobak	大根

⑩ 調理法　→ 本文 42（p.96）

goréng	揚げる、からっと／ぱらっと炒める
tumis	炒め煮にする、ペースト状のものを炒める
bakar	焼く、直火で焼く
ikan bakar	焼き魚

⑪ 動物

⑴鳥　burung

ayam	鶏
bébék	アヒル
cénderawasih	極楽鳥
merpati	ハト
burung pipit	スズメ

⑵家畜　ternak、ペット pét

sapi	牛
babi	豚
kambing	ヤギ
domba	羊
kerbau	水牛
kelinci	ウサギ
kucing	猫
anjing	犬

⑶伝説上の動物

naga	龍
garuda	ガルーダ（神話の神鳥）

⑷身近な小動物

kodok / katak	カエル
kupu-kupu	チョウ
capung	トンボ
nyamuk	蚊
ulat	イモムシ、ウジムシなどの総称
lebah / tawon	蜂
lalat	ハエ
semut	アリ
tikus	ネズミ
ular	蛇
kecoa	ゴキブリ
cicak / (cecak)	ヤモリ
kura-kura	カメ

⑸野生動物　binatang liar

penyu	ウミガメ
ikan paus	クジラ
ikan hiu	サメ
buaya	ワニ
badak	サイ
gajah	象
harimau	虎
rusa	シカ
babi hutan	イノシシ
babi rusa	バビルサ（スラウェシ島の固有種）
monyét	（しっぽのある）猿
kera	（しっぽのない）猿
orang hutan	オランウータン（lit. 森の人）
singa	ライオン、獅子
komodo	コモドドラゴン
tarsius	メガネザル

12 数の数え方

(1)　0〜9　　◀ 🎧62 ▶

0	nol（電話番号や部屋番号を言うときはkosong＜空っぽ＞というときもある）
1	satu
2	dua
3	tiga
4	empat
5	lima
6	enam
7	tujuh
8	delapan
9	sembilan

＊注意：インドネシア語の数字では、コンマとピリオド（小数点）の使い方が、日本語と逆。
　→大きな数字を書くとき、3桁ごとの区切りにピリオドを使う。
　→1.5（小数）はコンマを使って1,5と書き、satu koma limaと読む。

(2)　十〜兆 （3桁ごとに単位が上がるので、点のあるところで区切ればよい）　◀ 🎧63 ▶

十	10	sepuluh
百	100	seratus
千	1.000	1 ribu (seribu)
1万	10.000	10 ribu (sepuluh ribu)
10万	100.000	100 ribu (seratus ribu)
100万	1.000.000	1 juta (satu juta)
1000万	10.000.000	10 juta (sepuluh juta)
1億	100.000.000	100 juta (seratus juta)
10億	1.000.000.000	1 miliar (satu miliar)
100億	10.000.000.000	10 miliar (sepuluh miliar)
1000億	100.000.000.000	100 miliar (seratus miliar)
1兆	1.000.000.000.000	1 triliun (satu triliun)

＊10, 100, 1000は、puluh（十）, ratus（百）, ribu（千）に接頭辞se-を付ける。
　sepuluh (10), seratus (100), seribu (1000)

＊日本語の場合：4桁ごとに区切って、万・億と単位が上がる。コンマの位置と単位の変わる位置が違うので複雑。

＊インドネシア語の場合：英語などと同様に、3桁ごとに区切って、ribu, juta, miliarと単位が上がる。

＊ピリオドの位置＝単位の変わる位置なので、数字を見たまま読めばよい。
　1.234.567.890　　　1 miliar 234 juta 567 ribu 890

11	sebelas
12	dua belas
13	tiga belas
14	empat belas
15	lima belas
16	enam belas
17	tujuh belas
18	delapan belas
19	sembilan belas

＊11〜19は、belasを使って特別な言い方をする。

(4)組み合わせ例

＊あとは日本語とほぼ同じ語順で組み合わせるだけでよい。ただし、11から19があるときは要注意。

3.521	tiga ribu lima ratus dua puluh satu
14.000	empat belas ribu
697.000	enam ratus sembilan puluh tujuh ribu
718.000	tujuh ratus delapan belas ribu
28.000.000	dua puluh delapan juta
11.000.000	sebelas juta

(5)序数詞　2番目以降は、数字の前に ke- を付けるだけ

最初の	pertama
2番目の	kedua
10番目の	kesepuluh

(6)分数　　　　　per-を分母に付ける。

4分の1	seperempat [se-per-empat]
3分の2	dua pertiga [per-tiga]
5分の4	empat perlima [per-lima]

Kapan?	いつ？
Siapa?	誰？
Siapa namanya?	お名前は？
Apa?	何？
Sedang apa?	何をしていますか？
Apa kabar?	元気ですか？（ lit. ニュースは何ですか）
Apa sebabnya?	何が原因ですか？
Hari apa?	何曜日ですか？
Mengapa?	なぜ？　どうして？
Kenapa?	1) なぜ？どうして？　2) どうしたの？（泣いている子どもや、けがをした人など、トラブルを抱えたように見える人に話しかけるときの定番の表現）
Berapa?	いくつ？　いくら？
Berapa harganya?	値段はいくらですか？
Berapa ongkosnya?	運賃はいくらですか？
Berapa biayanya?	費用はいくらですか？
Berapa banyak?	（量や数が）どれだけですか？
Berapa orang?	何人ですか？
Berapa umurnya?	（年齢は）おいくつですか？
Berapa lama?	（時間の長さが）どのぐらいですか？
Berapa jam/menit/detik?	（期間が）何時間ですか？／何分間ですか？／何秒間ですか？
Berapa hari?	（期間が）何日間ですか？
Tanggal berapa?	（日付が）何日ですか？
Di mana? / Dari mana? / Ke mana?	どこで？／どこから？／どこへ？
Yang mana?	どちらのほうですか？
Bagaimana?	どのようですか？
Bagaimana kabarnya?	どんなようすですか？（ lit. そのニュースはどのようですか） しばらくぶりに会った人などに、その間のようすを尋ねるようなときに使う。
Bagaimana caranya?	どのようにするのですか？（ lit. その方法はどのようですか）

14 国・地域の名前

方角 (arah)

barat laut	北西
utara	北
timur laut	北東
timur	東
tenggara	東南
selatan	南
barat daya	南西
barat	西

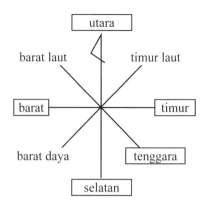

東アジア (Asia Timur)

Jepang	日本
Koréa Selatan	韓国
Koréa Utara	北朝鮮
Tiongkok / Cina	中国
Taiwan	台湾

その他アジア (Asia yang lain)

India	インド
Rusia	ロシア
Mongolia	モンゴル
Arab Saudi	サウジアラビア
Uni Émirat Arab	アラブ首長国連邦
Turki	トルコ

その他

Amérika Serikat	アメリカ合衆国
Selandia Baru	ニュージーランド
Mesir	エジプト
Afrika Selatan	南アフリカ

東南アジア (Asia Tenggara)

Indonésia	インドネシア
Malaysia	マレーシア
Singapura	シンガポール
Filipina	フィリピン
Thailand / (Muang Thai)	タイ
Viétnam	ベトナム
Timor Lésté	東ティモール
Myanmar	ミャンマー
Brunéi Darussalam	ブルネイ・ダルサラーム
Kamboja	カンボジア

ヨーロッパ (Éropa)

Spanyol	スペイン
Belanda	オランダ
Jerman	ドイツ
Perancis	フランス
Inggris	イギリス
Yunani	ギリシャ

15 文房具

kertas	紙
buku	本
kamus	辞書
map	ファイル
amplop	封筒
bolpoin / bolpén	ボールペン
pénsil	鉛筆
spidol	マジック、ホワイトボードマーカー
cap	ハンコ、ゴム印、スタンプ、商標
penghapus	消すもの、消しゴム、黒板消し、ホワイトボード用イレーザーなど
penggaris	定規
penjepit / jepitan	クリップ、挟むもの
sélotip	セロテープ
lakban	粘着テープの総称
lém	のり
gunting	ハサミ
hékter	ホチキス
tali	ひも

16 量を表す言葉

banyak～	多くの、大勢の、たくさんの
sedikit～	少しの、少数の
setiap～	毎～
semua～	全部の
seluruh～	全体の
para～	～たち（複数を表すときに使う）
beberapa～	いくつかの

17 助数詞

～biji	～個、元の意味は「種」（ごま粒のように小さなものを数えるときに使う）
～butir	～粒、～個（元の意味は、真珠や米などの「粒」。卵などを数えるときに使う）
～buah	～個（元の意味は「果実」。果実など比較的大きなものを数えるときに使う）
～batang	（細長くて固いものの数え方）　～本
～bungkus	（包んだものの数え方）　～包み
～porsi	～人前
～jilid	1)～冊　2)巻　備考 tiga jilid は3冊、jilid ketigaは第3巻
～ékor	～匹、～羽

18 携帯電話に関わる表現

HP (ha pé)	携帯電話（英語のhand phoneの頭文字HPをインドネシア語読みにしたもの）
menélépon [télépon]	電話する [電話]
miskol / miss call	ワン切り（英語のmissed callから。携帯電話で電話番号を知らせるときなどに、わざと相手が出る前に電話を切ること）
pulsa	（プリペイド式の携帯電話やネット接続の）度数
pulsa éléktrik	lit. 電気の度数（携帯電話の度数を購入する際に、カードでなく、店員の携帯電話などから度数を送ってもらう方法のこと）
prabayar	前払い、プリペイド
pascabayar / pasca bayar	後払い
kartu SIM	SIMカード
masa tenggang	猶予期間（度数がなくなって電話やSMSを発信できないが、受信はできる状態。度数を買い足せばまた普通に使える）
hangus	1）焦げつく　2）携帯電話の度数がなくなり、猶予期間も終わり、使っていた電話番号が使えなくなる状態

pakaian [pakai]	衣類 [使う]
pakaian tradisional	伝統衣装
baju	服
rok	スカート
celana	パンツ
celana péndék	ショートパンツ
celana panjang	長いパンツ
kebaya	クバヤ、ジャワなどの女性の伝統衣装の上衣
kain	布
kain panjang	長い布、伝統衣装の腰布で、輪になっていない長いタイプのもの
seléndang	ショール、肩掛け
sarung	サロン、腰布、輪になったタイプのもの
sarung tangan	手袋
kaus	（襟やボタンのない）シャツ、Tシャツ
kaus kaki	靴下
keméja	（襟があって、ボタンが下まである）シャツ
keméja batik	バティック（ジャワ更紗の）シャツ、男性用の伝統衣装の上衣
blus	ブラウス
BH (béha)	ブラジャー
jas	ジャケット
jas hujan	レインジャケット
sepatu	靴
sandal	サンダル
ikat pinggang	ベルト
sabuk	ベルト
sabuk pengaman	シートベルト
jam tangan	腕時計
gelang	ブレスレット
gelang kaki	アンクレット
cincin	指輪
kalung	ネックレス
topi	帽子
péci	ふちなし帽（特にイスラム教徒風のもの）
kerudung	クルドゥン（イスラム教徒の女性のかぶるスカーフ、特にゆるくかぶるだけのもの）
jilbab / hijab	ジルバブ／ヒジャブ（イスラム教徒の女性のかぶるスカーフ、特に髪や首をしっかりと隠すタイプのもの）

20 色の名前

hitam	黒
putih	白
abu-abu	灰色
tua	（色が）濃い、（年齢が）年老いている、年上である
muda	（色が）薄い、（年齢が）若い、年下である
mérah	赤
mérah tua	えんじ色
mérah muda / mérah jambu	桃色／ピンク
jingga / oranyé / orén	橙色／オレンジ色
kuning	黄色
kuning tua	黄土色
hijau	緑
hijau muda	薄緑
hijau tua	深緑
biru	青
biru muda	水色
biru tua	紺
ungu	紫
emas	金の、金色の
pérak	銀の、銀色の
garis-garis	しま柄の、線が入っている
corak	柄、corak kembang（花柄）

21 場所

(1)道

jalan	道
gang	小路
jalan raya	大通り
jalan tol	高速道路
jalan layang	高架道路
simpang	分かれ道
simpang tiga	三差路
simpang empat	十字路

(2)駅、空港、港など

terminal	ターミナル
stasiun	駅、バスターミナル
halte	バス停
bandara / bandar udara	空港
pelabuhan	港
pangkalan (ojék / taksi dll)	（バイクタクシー / タクシーなどの）乗り場、基地

(3)ショッピング

toko	店
warung	ワルン（簡易商店、ほぼ定位置で店を出す屋台）
pasar	市場
pasar swalayan / super markét	スーパーマーケット
mini markét	ミニマーケット
mal	ショッピングモール

(4)医療関係

rumah sakit	病院

(5)宗教施設

mesjid/masjid	イスラム教寺院、モスク
geréja	（キリスト教の）教会
pura	バリ＝ヒンドゥー寺院
kuil	寺社。仏寺、孔子廟など
klénténg	孔子廟
candi	寺院。特に寺院遺跡

(6)地形

gunung	山
lembah	谷
laut	海
pantai	海岸
sungai / kali	川
danau	湖
pulau	島
selat	海峡

(7)学校

sekolah	学校
SD (Sekolah Dasar)	小学校
SMP (Sekolah Menengah Pertama)	中学校
SMA (Sekolah Menengah Atas)	高校
universitas	大学
kursus	（習い事など公教育以外の）学校

(8)そのほか

taman	公園
taman ria	遊園地
sawah	水田
kebun	畑
kebun binatang	動物園
museum	博物館、美術館
keraton	王宮、特にジャワの王宮
istana	王宮、宮殿
perpustakaan [pustaka]	図書館 [文献]
bioskop	映画館
lapangan	広場

22 乗り物

(1)乗り物

pesawat	1) 飛行機　2) 機械　例：pesawat telepon 電話機
pesawat terbang	飛行機
kapal	船
mobil	自動車
sepéda	自転車
motor / sepéda motor	バイク
taxi	タクシー
bis	バス
angkot (angkutan kota)	ミニバス
ojék	バイクタクシー
bécak / béca	ベチャ（輪タク）
keréta api	汽車

⑵乗り物や道のトラブル

mogok	エンスト
bocor	漏れる
kempis / kempés	（タイヤなどから空気が抜けて）平らになる
macét	渋滞
anjlok	（列車の）脱線
banjir	冠水
longsor	山崩れ、がけ崩れ

23 家具、家電、ＯＡ器具、施設

⑴家具、道具

méja	机
kursi	椅子
bangku	ベンチ、（背もたれのない）腰掛け
lemari	棚、タンス
tempat	場所、容器
tempat sampah	ゴミ箱（lit. ゴミの場所、ゴミの容器）
tempat tidur	寝台、ベッド（lit. 寝る場所）

⑵家電、ＯＡ機器

lemari és	冷蔵庫（lit. 氷の棚）
mesin cuci	洗濯機（lit. 洗う機械）
komputer	パソコン
laptop	ノートパソコン

⑶部屋

kamar	部屋（四方に壁があるような作りの部屋）
kamar tidur	寝室
kamar mandi	浴室
toilét / kamar kecil	トイレ
ruang	空間、（広々とした開放的な作りの）部屋
ruang tamu	客間
ruang makan	食堂（家の中の食事をするスペース）

ruang kelas	教室
ruang angkasa	宇宙空間
dapur	台所
téras	テラス
tangga	階段
lantai	床
langit-langit	天井
atap	屋根
dinding	壁
halaman	1) 庭　2) ページ
pekarangan	庭、特に果樹など有用植物が植わっている庭
pintu	戸、ドア
jendéla	窓

(4)カーテン・敷物・枕

gordén / kordén	カーテン
karpét / permadani	カーペット、じゅうたん
tikar	ゴザ
bantal	枕、クッション
guling	抱き枕
kasur	マットレス
sepréi	シーツ
selimut	毛布

24 体の部分

(1)頭、顔、顔の部分

kepala	頭、頭部
muka	顔
dahi	ひたい
pipi	頬
dagu	顎
mata	目
telinga	耳

hidung	鼻
lidah	舌
mulut	口
bibir	唇
gigi	歯

(2)髪、眉、ひげ、体毛

rambut	髪
alis	眉毛
janggut/jénggot	顎ひげ、頬ひげ
kumis	口ひげ
bulu	体毛、（動物の）毛、羽毛
bulu mata	まつげ

(3)胴体の部分

léhér	首
bahu	肩
lengan	腕
dada	胸、胸部
payudara	乳房
badan	1) 体、胴体　2) 団体、組織
perut	腹
punggung	背中
pinggang	腰
pantat	尻
pusar	へそ

(4)手足、指、爪、肘、膝

tangan	手
kaki	足
lengan	腕
jari	指
kuku	爪
siku	肘
lutut	膝

(5)脳、内臓

otak	脳
tenggorokan / tenggorok	喉
paru-paru	肺
jantung	心臓
hati	1) 肝臓、レバー　2) 心
ginjal	腎臓
rahim	子宮
kemaluan [malu]	陰部、恥部 [恥ずかしい]
lambung	胃
usus	腸

(6)血、筋肉、神経、皮、骨

darah	血
urat	筋
urat darah	血管
otot	筋肉
saraf	神経
kulit	皮、皮膚、肌
tulang	骨
sendi	関節

25 体の状態、症状

(1)健康と不健康、痛み、かゆみ、しびれ

sakit	病気の、痛い
penyakit [sakit]	病気 [病気の、痛い]
nyeri	痛い
pedih	ひりひりする
séhat	健全な、健康な
sembuh	（病気やけがが）治る
gatal	かゆい
kesemutan [semut]	しびれる [蟻]

(2)傷、血、高血圧、骨折、捻挫

luka	傷
berdarah [darah]	出血する [血]
darah tinggi	高血圧
darah rendah	低血圧
patah tulang	骨折
keseléo / salah urat	捻挫、筋を違えた
inféksi	化膿する、感染症になる

(3)咳、くしゃみ、鼻水、鼻づまり、呼吸困難、発熱、汗

batuk	咳
bersin	くしゃみ
ingus	鼻水
hidung tersembat	鼻が詰まる
napas / nafas	呼吸
sesak napas / sesak nafas	呼吸困難、ぜんそく
demam	熱がある
demam berdarah	デング熱
keringat	汗

(4)消化、排泄、嘔吐

pencernaan [cerna]	消化
buang air	排泄する（lit. 水を捨てる）
buang air besar / bérak	排便する（lit. 大きい水を捨てる）/ うんち
buang air kecil / pipis	排尿する（lit. 小さい水を捨てる）/　おしっこ
sembelit	便秘する
kentut	おなら
méncerét / méncrét / diaré	下痢をする
mual	吐き気がする
muntah	吐く
muntabér	吐いたり、下痢をしたりする症状（Muntah bérakの略語）
mentah	生（なま）の（吐くmuntahと発音をし分けるように注意）
mag / maag	胃病
usus buntu	盲腸

(5)疲労、だるさ、酔い、めまい、頭痛、気絶

capai (capé/capék) / lelah	疲れた
lemas	だるい
mabuk	酔う
mabuk mobil	車酔いをする
pusing / pening	1) めまいがする　2) 頭痛がする
pingsan	気絶する、意識を失う
sadar	気が付く、意識がある

(6)女性の状態

datang bulan / ménstruasi	月のもの（lit. 月が来る）、月経
hamil	妊娠している
keputihan [putih]	おりもの [白い]
ménopause	閉経

26 治療法

obat	薬
berobat [obat]	1) 薬を服用する　2)（医者など）から治療を受ける
mengobati [obat]	治療する
obat salep	軟こう
pil / tablét	錠剤
sirop	シロップ
jamu	生薬、生薬ドリンク、ジャムウ
tétés mata	目薬、点眼薬
suntik	注射
opérasi	手術

27 公認六宗教

agama	宗教
Islam	イスラーム
Protéstan	プロテスタント
Katolik	カトリック
Budha	仏教
Hindu	ヒンドゥー教
Kong Hu Cu	儒教、孔子教
kepercayaan [percaya]	信仰

28 月の名前

(1)月の名前

bulan Januari	（西暦の）１月
bulan Fébruari	（西暦の）２月
bulan Maret	（西暦の）３月
bulan April	（西暦の）４月
bulan Méi	（西暦の）５月
bulan Juni	（西暦の）６月
bulan Juli	（西暦の）７月
bulan Agustus	（西暦の）８月
bulan Séptémber	（西暦の）９月
bulan Oktober	（西暦の）１０月
bulan Novémber	（西暦の）１１月
bulan Désémber	（西暦の）１２月

(2)断食月に関連する言葉

Ramadan	ラマダン、断食月（イスラーム暦の９月）。Bulan puasaとも言う。
puasa / saum	断食（イスラームの場合は、夜明け前から日没まで飲食をしないこと。日中は水も飲まないが、日没後から夜の間は飲食可）
buka puasa	（日没時の）断食明け、断食を解く
tajil / ta'jil / takjil	（日没時の断食明けの時に最初に食べる）甘いもの
sahur	（断食中の）夜明け前の食事

mencuci [cuci]	洗う、洗濯する
bérés	片付く、うまくいく
bérés-bérés	片付けものをする
membéréskan [bérés]	～を片付ける
membersihkan [bersih]	きれいにする、掃除する
menyapu [sapu]	ほうきで掃く [ほうき]
mengelap [lap]	（台や食器を）ふきんで拭く
kain lap	ふきん
mengepél [pél]	（ぞうきんで）床を拭く
kain pél	ぞうきん
sapu	ほうき
menyapu [sapu]	（ほうきで）掃く
menjemur [jemur]	（日光に当てて）干す
mengeringkan [kering]	乾かす [乾いた]
setrika	アイロン
menyetrika [setrika]	～にアイロンをかける [アイロン]
melipat [lipat]	～を折り畳む
menggantung [gantung]	ぶら下がる、つり下がる
tergantung [gantung]	～による、～次第
gantungan [gantung]	ハンガー
émbér	バケツ

・・・・・・・・・ インドネシア語ミニ文法 ・・・・・・・・・

1 はじめに

インドネシア共和国は、人口約2億7000万人、1000ともいわれる民族と言語を持つ多民族国家である。インドネシア人の多くは、国語のインドネシア語と地方の言語のバイリンガルである。インドネシア語は全国で使われており、よく通じる。インドネシア語のもとになった言語は、マレー語である。マレー語は、古くから交易の言語としてこの地域一帯に普及しており、オランダ植民地時代には教育や行政に用いられた。今でも、インドネシア語は、マレーシア、ブルネイ、シンガポールで用いるマレー語とは方言程度の差しかなく、フォーマルな場面では互いにほぼ通じる。

表記はアルファベットで、いくつかの例外を除いてほぼローマ字読みで、ほとんど例外がなく、規則通りに発音すればよい。母音は、アイウエオと曖昧母音の六つしかない。巻き舌のRや、ガ行鼻濁音にあたるNgなど、いくつか気を付けるべき発音があるが、発音はそれほど難しくなく、中国語やタイ語などにみられる声調もない。文法的にも、ヨーロッパの言語にあるような、単複の別、文法的性別、動詞の活用、時制などがなく、単語を並べるだけでよい。

接頭辞、接尾辞を付けて派生語を作ることができ、一つの基本的な単語を覚えると、そこから派生して多くの単語を覚えることができる。例えば、nyanyi（歌う）という語から、pe-nyanyi→penyanyi（歌手）、nyanyi-an→nyanyian（歌声）、me-nyanyi-kan→menyanyikan（〜を歌う）といった派生語が生まれる。

本書は、Unit 34 までは主に基本的な単語を使用する場面ごとにグループ分けして覚え、Unit 35 以降では接頭辞、接尾辞の種類ごとに、派生させた単語をまとめて覚えていくという構成になっている。

2 修飾関係 （一般的な名詞・形容詞による修飾）

＊基本的な語順は、被修飾語＋修飾語(後ろから前へ修飾する)
＊所有格などの形の変化はないので、単語を並べるだけでよい。
　　buku(本)、saya(私)→buku saya(私の本)
　　buku(本)、bahasa(言語)、Indonésia(インドネシア)→buku bahasa Indonésia
　　buku mahal(高価な本)
＊数量を表す語で修飾する場合については文法説明 19 を参照。

3 肯定文

＊基本的な語順は、主語＋述語(＋目的語)
＊be動詞にあたるものや、日本語の「〜は〜です」のようなものは必要ない。
　　名詞文：saya(私)、mahasiswa(大学生)　→Saya mahasiswa.(私は大学生です。)
　　形容詞文：ini(これ)、manis(甘い)　→Ini manis(これは甘い。)
　　自動詞文：Ibu(母)、tidur(寝る)　→Ibu tidur.(母は寝る。)
　　他動詞文：makan(食べる)、roti(パン)　→Ibu makan roti.(母はパンを食べる。)

4 否定文

＊基本的な語順は、主語＋否定詞＋述語(＋目的語)

＊名詞文の場合、否定詞にはbukanを使う。

　　名詞文：Ini roti.(これはパンだ。)　　→Ini bukan roti.(これはパンではない。)

＊形容詞・動詞文の場合、否定詞にはtidakを使う。

　　形容詞文：Ini manis.(これは甘い。)→Ini tidak manis.(これは甘くない。)

　　自動詞文：Ibu tidur.(母は寝る。)　　→Ibu tidak tidur.(母は寝ない。寝ていない。)

　　他動詞文：Ia minum air.(彼は水を飲む。)→Ia tidak minum air.(彼は水を飲まない。)

＊形容詞・動詞文の場合、否定詞の代わりにkurang(不足している)を使うと、婉曲な否定になる。

　　Ini tidak manis.(これは甘くない。)→Ini kurang manis.(これはあまり甘くない。)

　　Saya tidak tahu.(私は知らない。)　→Saya kurang tahu.(私はよく知らない。)

5 人称代名詞と人称接辞

	単数	接辞	複数
1人称	saya (私) aku (僕、あたし)	ku-, -ku(僕、あたし)	kami (聞き手を含まない「私たち」) kita (聞き手を含む「私たち」)
2人称	Anda(あなた。最初のAは必ず大文字で書く)		Anda sekalian (あなた方)
	kamu(君、おまえ) engkau(君)	-mu(君、おまえ) kau-(君)	kalian(君たち、おまえたち)
3人称	dia(彼／彼女) ia(彼／彼女) beliau(あの方、強い敬意を表す)	-nya(彼／彼女／彼ら／彼女ら／その／など)	meréka(彼ら／彼女ら)

6 敬語

インドネシア語には、敬語といえるものが少ない。

しかし、一般的に、文章の最後に、相手が目上の年長の男性ならPak(お父さんの略)、目上の年長の女性ならBu(お母さんの略)を付けると丁寧になる。

　　Ditunggu ya, Pak.(待っててくださいね。)

　　Selamat pagi, Bu.（おはようございます。)

若い女性ならKak、Non、Mbakなど、若い男性ならKak、Mas、Bangなどを付けることもある。ただし、Pak、Bu以外の語は、地域によって使い分けが異なることがあるので、要注意。

7 人称代名詞のように使われる一般名詞

一般名詞が人称代名詞として使われるもの。親族名称が多い。
人称代名詞として使う場合は、大文字で始める。

一般名詞	単数	複数	使う相手
bapak（父）	Bapak	Bapak-Bapak	目上・年上の男性。主に既婚者。未婚でも、敬意を表すために使うこともある。
ibu（母）	Ibu	Ibu-Ibu	目上・年上の女性。主に既婚者。未婚でも、敬意を表すために使うこともある。
adik（弟、妹）	Adik	Adik-Adik	目下で年下の相手（男女両方）。妻・恋人に対して男性側から。
kakak（兄、姉）	Kakak	Kakak-Kakak	少し年上の親しい相手（男女両方）。夫・恋人に対して女性側から。
saudara（兄弟、親戚）saudari（saudaraの女性形）	Saudara,Saudari	Saudara sekalian,Saudara-Saudari	対等の相手。saudaraは男女両方。saudariは女性のみ。
nona（お嬢さん）	Nona	Nona-Nona	主に富裕層の若い女性。
mas（ジャワ語のkangmas「兄」から）	Mas	Mas-Mas	若い男性。
mbak（ジャワ語のmbakyu「姉」から）	Mbak	Mbak-Mbak	若い女性。
abang（スマトラなどで「兄」）	Abang	Abang-Abang	若い男性。
tuan（主人）	Tuan	Tuan-Tuan	主に外国籍の目上の男性。
nyonya（夫人）	Nyonya	Nyonya-Nyonya	主に外国籍の既婚女性。

8 yang の用法 1

＊文が長くて修飾関係が分かりにくいときは、被修飾語と修飾語の間に関係詞yangを使う。
Ini buku mahal.(これは高価な本だ。)
Buku ini mahal.(この本は高価だ。)
Buku mahal ini buku saya.(この高価な本は、私の本だ。)
Buku yang mahal ini buku saya.(この高価な本は、私の本だ。)

9 yang の用法 2

＊被修飾語を省略して、関係代名詞としてyangを使うこともできる。
Ada celana péndék? (短パンはありますか？)
Ada celana yang péndék? (短かいパンツはありますか？)
Ada yang péndék? (短かいのはありますか？)

10 dan (と／そして) の用法

nasi dan ikan(ご飯と魚)
Saya makan nasi dan ikan. (私はご飯と魚を食べる。)
Dia makan roti dan minum bir.(彼はパンを食べ、ビールを飲む。)
Saya makan nasi dan dia makan roti.(私はご飯を食べ、彼はパンを食べる。)

11 Yes/No 疑問文

＊Yes/Noで答えられるような疑問文を作るには、イントネーションを変えるだけでよい。
＊疑問文であることをはっきりさせたいときは、文の最初にapakahあるいはapaを付ける。
＊疑問の焦点になっている単語に接尾辞-kahを付けてもよい。
Ini manis?(これは甘い？)
Apakah ini manis?(これは甘いですか？)
Apa ini manis?(これは甘いですか？)
Ini maniskah?(これは甘いですか？)

12 Yes/No 疑問文への答え

＊「はい」はYa。Yaの発音は、しばしば「イヤ」となる。
＊「いいえ」は、否定詞と同じ。名詞文はBukan、形容詞・動詞文はTidak。
名詞文: Apakah ini ikan?(これは魚ですか？)
肯定: Ya, itu ikan.(はい、それは魚です。)
否定: Bukan, itu bukan ikan.(いいえ、それは魚ではありません。)
形容詞文: Apakah ini manis?(これは甘いですか？)
肯定: Ya, itu manis.(はい、それは甘いです。)
否定: Tidak, itu tidak manis.(いいえ、それは甘くないです。)
動詞文: Apakah Tini pergi?(ティニは行きますか？)

肯定: Ya, Tini pergi.(はい、ティニは行きます。)
否定: Tidak, Tini tidak pergi.(いいえ、ティニは行きません。)

13 tetapi (〜が／しかし)、bukan 〜 tetapi (〜でなくて〜) の用法

Ini énak tetapi mahal.(これはおいしいが高い。)
Ini bukan kamus, tetapi buku harian. (これは辞書ではなくて、日記帳だ。)

14 程度を表す副詞①

*「とても、非常に」という意味の副詞には、形容詞の前に来るものと後ろに来るものがある。
*まずは、話し言葉にも書き言葉にも使えるsangatとsekaliを覚えよう。

1	sangat 形容詞	とても、非常に	→ Ikan ini sangat asin.
2	形容詞 sekali	とても、非常に	→ Jus itu asam sekali.
3	amat 形容詞	とても、すごく	→ Téh ini amat manis.

*口語ではsangatとsekaliを組み合わせて強調することもある。 → Ayah saya sangat tinggi sekali.

*その他、口語的表現として「形容詞 amat」、「形容詞 banget」の形もある。

4	形容詞 amat	とても、すごく	→ Baju ini murah amat.
5	形容詞 banget	とても、すごく	→ Téh ini manis banget.

15 程度を表す副詞②

*その他の程度を表す副詞は、形容詞の前に来る。

6	agak 形容詞	少し	→ Kaus ini agak kecil.
7	cukup 形容詞	十分、かなり	→ Celana itu cukup murah.
8	lumayan 形容詞	かなり、相当	→ Réstoran ini lumayan énak.
9	terlalu 形容詞	〜すぎる	→ Ini terlalu panjang.
10	paling 形容詞	最も〜	→ Bapak Tanaka paling tinggi.

16 tidak+ 程度を表す副詞

1	tidak begitu 形容詞	あまり〜ない	→ Ini tidak begitu manis.
2	tidak terlalu 形容詞	〜すぎない	→ Baju ini tidak terlalu besar.
3	sama sekali tidak 形容詞	全然〜ない	→ Ini sama sekali tidak mahal.
4	tidak 形容詞 sama sekali	全然〜ない	→ Ini tidak pedas sama sekali.

17 比較の表現

1	lebih 形容詞 daripada ～	～よりもっと～	→ Ini lebih besar daripada itu.
2	yang paling 形容詞	最も～	→ Ini yang paling mahal.

18 高い・低い・長い・短い

＊反対語の関係が複雑なので、要注意。

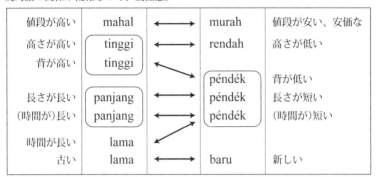

値段が高い	mahal	←→	murah	値段が安い、安価な
高さが高い	tinggi	←→	rendah	高さが低い
背が高い	tinggi			
			péndék	背が低い
長さが長い	panjang	←→	péndék	長さが短い
(時間が)長い	panjang	←→	péndék	(時間が)短い
時間が長い	lama			
古い	lama	←→	baru	新しい

19 修飾関係 (数・多さなどを表す表現)

＊数・量などを表す表現で名詞を修飾する場合、修飾語＋被修飾語(前から後ろへ修飾する)
　satu jilid buku(１冊の本)
　dua batang bolpén(２本のボールペン)
　banyak uang(たくさんのお金)
　sedikit gula(少しの砂糖)
　semua orang(すべての人)
　setiap minggu(毎週)

20 助動詞の用法① sudah (もう～した) と belum (まだ～ない)

＊基本的な語順は、主語＋助動詞＋述語(＋目的語)
　Saya sudah makan.(私はもう食べた。)
＊belum(まだ～ない)は否定詞としての役割もあるので、否定のtidakは不要。
　Saya belum makan.(私はまだ食べていない。)
＊疑問文の作り方
　Ia sudah makan? (彼／彼女はもう食べましたか？)
　Apakah ia sudah makan?
　Apa ia sudah makan?
　Sudahkah ia makan?

＊疑問文の答え方。「まだ〜ない」というときは、belumを用いる。

Sudah 〜?と聞かれて、tidakで答えると「するつもりはない」という意味になるので注意。

Ia sudah menikah? (彼／彼女はもう結婚していますか?)

Ya, ia sudah menikah. (はい、彼／彼女はもう結婚しています。)

Belum, ia belum menikah. (いいえ、彼／彼女はまだ結婚していません。)

Tidak, ia tidak menikah. (いいえ、彼／彼女は結婚しません。→独身主義者?)

21 助動詞の用法② その他の助動詞

肯定	否定
akan(〜するだろう)	tidak akan(〜しないだろう)
mau(〜したい、するつもり)	tidak mau(〜したくない、するつもりはない)
ingin(〜したい)	tidak ingin(〜したくない)
pernah(〜することがある)	tidak pernah(〜することはない)
sudah pernah(もう〜したことがある)	belum pernah(まだ〜したことはない)
sedang(〜しているところ)	sedang tidak(今〜していない)
bisa(〜できる)	tidak bisa(〜できない)
dapat(〜できる)	tidak dapat(〜できない)
mampu(能力や財力があり〜できる)	tidak mampu(財力がなくて〜できない)
senang(〜するのが好き)	tidak senang(〜するのが好きではない)
sering(よく〜する)	tidak sering(あまり〜しない)
	sering tidak(〜しないことがよくある)
suka(〜するのが好き、よく〜する)	tidak suka(〜するのが好きではない)
boléh(〜してもいい)	tidak boléh(〜してはいけない、許可されていない)
jangan(〜してはいけない、するな)	
harus(〜しなければならない)	tidak harus(〜しなくてもいい、〜する義務はない)
perlu(〜する必要がある)	tidak perlu(〜しなくてもいい、〜する必要はない)
	tidak usah (〜しなくていい)、

tidak perluよりtidak usahの方が、語調が強い。usahだけでは使わない。

22 時間の表し方

Jam berapa sekarang? (今何時ですか?)

Jam lima soré. (夕方の5時)

Jam setengah tiga siang. (昼の2時半)

Jam delapan kurang seperempat. (8時15分前＝7時45分)

Jam tujuh lewat seperempat. (7時15分過ぎ)

Jam sembilan lewat lima menit. (9時5分過ぎ)

Berapa jam? (何時間?)

Enam jam. (6時間)

Tiga jam setengah. (3時間半)

Satu jam dua puluh menit. (1時間20分)

23 接辞とは

＊接辞は、基語(基本的な語)に付いて、派生語を作ったり、文法的な働きをしたりするものである。基語の前に付くものを接頭辞、後ろに付くものを接尾辞という。
＊通常のインドネシア語の辞書では、基語を見出し語とし、その下に接辞を付けた派生語を載せている。
　また、文法的な働きをする接辞の場合は、接辞を付けた形は、辞書には載っていない。
＊ほとんどの接辞は基語の前や後ろにそのまま付けるだけで、形の変化はない。
＊ただし以下の接頭辞は、基語の最初の音によって形が変わるので要注意(詳しくは、**27** ～ **32**) beR-, peR-, meN-, peN-

24 代表的な接辞

＊{　}内の意味で解釈するか、接辞の付いた派生語を辞書で探す。
　人称接辞(人称代名詞として使う接辞)
　　　　kau-{君／おまえ　が}
　　　　ku-{僕／あたし　が}
　　　　-ku{僕／あたし　の／を}
　　　　-mu{君／おまえ　の／を}
　　　　-nya{彼／彼女／それ　が／の／を}

　その他の接頭辞、複合接辞
　　　　beR (ber/be/bel-)　→主に自動詞を作る(**27** 、 **28** を参照)
　　　　di- (-i/-kan/-nya){受動態}
　　　　diper- (-i/-kan/-nya){memper-の受動態}
　　　　ke-{第～番目}
　　　　ke-an　→主に抽象名詞を作る
　　　　*meN- (-i/-kan)　→主に他動詞を作る　(**31** 、 **32** を参照)
　　　　memper- (-i/-kan)　→主に他動詞を作る
　　　　*peN- (-an)　→主にmeN-形から名詞を作る
　　　　per/pe/pel- (-an)　→主にber-形から名詞を作る
　　　　se-{一つの;同じ;すべての;同時になど}
　　　　ter-{受動態;無意識/不測の事態;最上級;可能など}

　その他の接尾辞
　　　　-an　→主に名詞を作る
　　　　-kan　→主に他動詞を作る(meN-kan)
　　　　-kah　{疑問文を作る}
　　　　-i　→主に他動詞を作る(meN-i)
　　　　-lah{命令;断定;強調など}
　　　　-man　→主に「人」を表す
　　　　-wan　→主に「人(男性)」を表す
　　　　-wati　→主に「人(女性)」を表す

25 接尾辞 -an の主な用法

*動詞(の基語)・形容詞などの後ろに付いて、名詞を作る。主に具体的なモノや人を表す。

makan(食べる)	→makanan(食べ物)
membaca [baca](読む)	→bacaan(読み物)
asin(塩辛い)	→asinan(漬け物、塩漬け)
atas(上)	→atasan(上司)

*時間を表す名詞に付いて、「～ごとの」「毎～」という意味を表す。

musim(季節)	→musiman(季節ごとの)
tahun(年)	→tahunan(毎年の、年ごとの)

*数詞に付いて、「数～の」「～の位」「～年代」という意味を表す。

puluh(十)	→puluhan orang(数十人の人)
belas(十一～)	→belasan tahun(十何年も)
2010	→2010an(2010年代)

*名詞に付いて、その種類の、より大きなものを表す。

laut(海)	→lautan(海洋、大海原)
darat(陸)	→daratan(大陸)

*名詞の繰り返しに、その種類のものの集合体や、似たようなものなどを表す。

sayur(野菜)	→sayur-sayuran(野菜)
buah(果実、実)	→buah-buahan(フルーツ、果物)
beras(コメ)	→beras-berasan(穀類)
mobil(自動車)	→mobil-mobilan(おもちゃの自動車)

26 複合接辞 ke-an の主な用法

*動詞(の基語)や形容詞や名詞に付いて、名詞になる。

mati(死ぬ)	→kematian(死)
ada(ある、いる)	→keadaan(状態)
cantik(きれいな、美しい)	→kecantikan(美しさ)
terang(明るい、明らかな)	→keterangan(説明)
lurah(村長、区長)	→kelurahan(村、区)
camat(郡長)	→kecamatan(郡)
menteri(大臣)	→kementerian(省)
uang(お金)	→keuangan(財政、金融、財務)

*形容詞や動詞(の基語)や名詞に付いて、動詞になる。主に被害などを表す。

tinggal(残る、滞在する、住む)	→ketinggalan(置き忘れる、置き去りにされる)
tahu(知る)	→ketahuan(ばれる、知られてしまう)
hujan(雨)	→kehujanan(雨に降られる)
siang(昼)	→kesiangan(寝坊する、遅くなる)

27 接頭辞 beR-(ber-, be-, bel-) の付け方

A. ほとんどの場合ber-を付けるだけ。例：suami(夫)→bersuami(夫を持つ)
B. 基語がr-で始まる場合は、be-を付ける。例：renang→berenang(泳ぐ)
C. 基語の第一音節が-er(曖昧母音+r)の場合も、be-を付ける。例：kerja(仕事)
　→bekerja(働く)
例外：ajarの場合は、belajarになる。
*名詞を作る複合接辞peR-anの場合も、変化の規則は同じ。

28 beR- の用法

*beR-の付く基語は、名詞、動詞、数詞、それ自体では使われない語など、いろいろある。
*beR-が付くとほとんどの場合、自動詞になる。例：bekerja(働く)、berenang(泳ぐ)、belajar(勉強する)
*他動詞になることもある。例：belajar bahasa(言語を学ぶ)、bermain piano(ピアノを弾く)
*動詞以外の品詞も。例：bersama dengan ~ (~と一緒に)、berkali-kali(何度も)、
*ber- 2以上の数で、「~人で」という意味になる。Saya pergi berdua dengan ibu.
(母と2人で行った)

29 peR-an の用法 (peR の変化は beR- と同じ)

*主にbeR-動詞、memper-動詞、memper-kan動詞から、名詞を作る。
　belajar [ajar](学ぶ)　　　　　　　　→pelajaran(教え、授業、~課)
　bertemu [temu](会う)　　　　　　　→pertemuan(会議)
　bertanding[tanding](試合をする)　→pertandingan(試合)
　beternak [ternak](牧畜をする)　　→peternakan(牧畜業)
　panjang(長い)→memperpanjang(長くする、延長する)→perpanjangan(延長)
　siap(準備できている)→mempersiapkan(準備する)→persiapan(準備)

30 pe- の用法

*主にbeR-動詞から人や職業を表す名詞を作る。
　belajar [ajar](学ぶ)　　　　　　　　→pelajar(生徒)
　beternak [ternak](牧畜をする)　　→peternak(牧畜農家、畜産家)
　bekerja [kerja](働く)　　　　　　　→pekerja(労働者)

31 接頭辞 meN-、peN- の付け方

*これがインドネシア語文法のハイライト。初めはちょっと難しく感じるかもしれないが、規則は、発音の特徴に従っていて覚えやすく、例外がほとんどない。これさえ覚えてしまえば、インドネシア語の文法には、あと難しいことはほとんどないと言ってもいい。

＊主に他動詞を作る接頭辞meN-は、基語の最初の音によってNの部分がn, m, ng,
nge などに変化し、基語の最初の音がp-、t-、k-(無声破裂子音)の場合は、最初の
子音が消える。

＊複合接辞meN-kanやmeN-iや、名詞を作るpeN-peN-anの場合も、変化の規則は同じ。

mem- : 基語の初めがb, f, vの場合、そのまま頭にmem-を付ける。
　　　　基語の初めがp-の場合、pを消してmem-を付ける。

＊覚え方のヒント：唇が関係する音は、mem-になる。口の形に注意しながら、ba,
pa, maと発音してみよう。全て上下の唇がぴったり閉じる音である。fやvの音も、上
の前歯で下唇をかむ音である。

　1. baca「読む」→meN- + baca= membaca「〜を読む」
　2. fitnah「誹謗、中傷」→meN- + fitnah= memfitnah「誹謗する、中傷する」
　3. vakum「真空」→meN- + vakum+ -kan= memvakumkan「〜を真空にする」
　4. pilih「選ぶ」→meN- + pilih= memilih「〜を選ぶ」pが消えて、m に。

men- : 基語の初めがc, d, j, z, syの場合、そのまま頭にmen-を付ける。
　　　　基語の初めがt-の場合、tを消してmen-を付ける。

＊覚え方のヒント：口の形に注意しながら、ta, da, naと発音してみよう。すべて舌の
前の方が、口の天井、上の前歯の裏あたりにくっつく音である。ただしインドネシ
ア人は、舌先を前歯の間に挟むように発音することもある。c, j, z, syの音も、舌の
前の方が、口の天井のところに近づいている音である。

　5. cari「探す」→meN- + cari= mencari「〜を探す」
　6. dapat「得る」→meN- + dapat= mendapat「〜を得る」
　7. jahit「縫う」→meN- + jahit= menjahit「〜を縫う」
　8. zakat「寄付」+ -kan→meN- + zakat + -kan= menzakatkan「〜を寄付する」
　9. syukur「感謝、祝福」→ meN- + syukur+ -i=mensyukuri「〜を祝福する」
　　　ただしsyの場合は、sと同様にmeny-になることがある。
　10. tarik「引く」→meN- + tarik= menarik「〜を引く、魅力的」t が消えて、n に。

meng- : 基語の初めがg, h, khの場合、そのまま頭にmeng-を付ける。
　　　　　基語の初めが母音(a, é, e, i, o, u)の場合も頭にmeng-を付ける。
　　　　　基語の初めがkの場合、kを消してmeng-を付ける。

＊覚え方のヒント：口の形に注意しながら、ka, ga, ngaと発音してみよう。舌の奥の方、
喉に近いあたりで子音が作られている。

　11. gambar「絵」→meN- + gambar= menggambar「絵を描く」
　12. hilang「消えた」→meN- + hilang= menghilang「消える」
　13. khianat「裏切り」→meN- + khianat + i = mengkhianati「裏切る」
　14. ambil「取る」→meN- + ambil= mengambil「〜を取る」
　15. ékor「尾」→meN- + ékor= mengekor「尾行する」
　16. erti「分かる」→meN- + erti = mengerti「分かる、理解する」
　17. isi「中身」→meN- + isi = mengisi「詰める」

18. olah「加工する」→meN- + olah = mengolah「～を加工する」

19. ukur「量る」→meN- + ukur = mengukur「～を量る」

20. kirim「送る」→meN- + kirim= mengirim「～を送る」 kが消えて、ng に。

<u>meny-：基語の初めがs, sy の場合、s, syを消してmeny-を付ける。</u>

21. suruh「命令する」→meN- + suruh= menyuruh「命令する」 sが消えて、ny に。

22. syair「詩」→meN- + syair= menyair「～を詩にする」syが消えて、ny に。
    ただし、syの場合は、syを消さずにそのままmen-を付けることもある。

<u>me-：基語の語頭が鼻音(m, n, ng, ny)、半母音(w, y)、lとrの場合は、そのまま</u>
    <u>me-を付ける。</u>

23. masak「熟した」→meN- + masak= memasak「料理する」

24. nanti「後で」→meN- + nanti= menanti「～を待つ」

25. ngéong「ニャオ(猫の鳴き声)」→meN- + ngéong= mengéorng「(猫が)鳴く」

26. nyanyi「歌う」→meN- + nyanyi= menyanyi「歌う」

27. wujud「形」→meN- + wujud = mewujud「～を具体化する、形をとる」

28. yakin「確信している」→meN- + yakin+ -kan = meyakinkan「～を説得する、
    説得力がある」

29. lémpar「投げる」→meN- + lémpar= melémpar ～を投げる」

30. rasa「感じ」→meN- +rasa = merasa「「～を感じる」

また、基語が単音節語の場合、そのまま頭にmenge-を付ける。
cat「ペンキ;塗料」→meN- + cat= mengecat「～にペンキを塗る」
cék「チェック」→meN- + cék= mengecék「～をチェックする」
dot「哺乳瓶の乳首、おしゃぶり」→meN- + dot= mengedot「ほ乳瓶でミルクを飲む」

meN-/peN- 系の接頭辞の付け方早見表

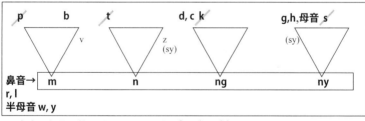

☆**太字**の部分が特に重要。それ以外のf, v, j, z, kh, syで始まる語は主に外来語で、
数も少ない。

ただし、meN-の変化には、いくつか例外がある(特に外来語)。例えば…
    tradis → mentradisi「伝統になる」 prioritas → memprioritas「～を優先する」
    punya → mempunyai「～を所有する」 kritik → mengkritik「～を批評する」

32 接頭辞 meN-、peN- の取り方

＊meN- や peN- で始まる単語を辞書でひくためには基本の形に戻してやる必要がある。

・me-/pe-の後ろが(l-, r-, w-, y-)の場合は、me-/pe-を取り除くだけ。 　　　　melawan→meN-lawan、 　　　　merasa→meN-rasa、 　　　　mewarnai→meN-warna-i、 　　　　meyakinkan→meN-yakin-kan-	
・mem-/ pem-	mem-/pem-の後ろが子音(b-, f-, v-)の場合、mem-/pem-を取り除くだけ。 　　　　membaca→meN-baca、 　　　　memfitnah→meN-fitnah、 　　　　memvakum→ meN-vakum
	mem-/pem-母音の場合は、m-, p-という二つの可能性がある。 　　　　①memasak→meN-masak、 　　　　②memakai→meN-pakai
・men- pen-	men-/pen-の後ろが子音(c-, d-, j-, z-)の場合、men-/pen-を取り除くだけ。 　　　　mencinta→meN-cinta、 　　　　menderita→meN-derita、 　　　　menjahit-→meN-jahit、 　　　　menzakat→meN-zakat
	men-/pen-の後ろが母音の場合は、n-, t-という二つの可能性がある。 　　　　①menanti→meN-nanti、 　　　　②menarik→meN-tarik
・meng- peng-	meng-/pengの後ろが子音(g-, h-, kh-)の場合、meng-/pengを取り除くだけ。 　　　　menggoréng→meN-goréng、 　　　　menghilang→meN-hilang、 　　　　mengkhianat →meN-khianat
	meng-/pengの後ろが母音の場合は、以下の四つの可能性がある。 　　　　①mengéong→meN-ngéong、(基語がng-から始まる) 　　　　②mengambil→meN-ambil、(基語が母音から始まる) 　　　　③mengirim→meN-kirim、(基語がk-から始まる) 　　　　④menge-を取り除くmengecék→meN-cék(基語が単音節語)
・meny- peny-	**meny-/peny-の場合、ny-, s-, sy-という三つの可能性がある。** 　　　　①menyanyi→meN-nyanyi、 　　　　②menyesal→meN-sesal、 　　　　③menyair→meN-syair

33 接頭辞 meN-、複合接辞 meN-i および meN-kan の主な用法

＊他動詞を作る。

34 接頭辞 di- の主な用法

＊インドネシア語では、受け身を多用する。受け身形は基語の形に接頭辞di-を付ける。
＊受け身形は、受動態の他に、丁寧な命令形としても使われる。
　例：Ikan dimakan kucing.（魚が猫に食べられた。）
　　　Silakan dimakan.（どうぞお召し上がりください。）

35 接頭辞 peN- の主な用法

＊meN-動詞、meN-kan動詞、meN-i動詞の基語に付いて、名詞になる。主に人や
　道具を表す。-kanや-iはなくなる。
　mengajar [ajar]（教える）　　　　→pengajar（教師）
　memanaskan [panas]（暖める）　　→pemanas（ヒーター）
　mewarnai [warna]（色をつける）　→pewarna（着色料）

36 複合接辞 peN-an の主な用法

＊meN-動詞、meN-kan動詞、meN-i動詞の基語に付いて、名詞になる。
　menerbang [terbang]（飛ぶ）　　　→penerbangan（飛行）

37 接頭辞 ter- の主な用法

＊形容詞に付いて、最上級を表す。
　indah（美しい）　　　　　　　　　→terindah（最も美しい）
＊動詞の基語に付いて、無意識の動作、不測の事態、受動態、完了後の状態などを表す。
　membuka [buka]（開く）　　　　　→terbuka（開いている）
　menelan [telan]（飲み込む）　　　→tertelan（飲み込んでしまう）
　tidur（寝る）　　　　　　　　　　→tertidur（つい寝てしまう）
　mencapai [capai]（到達する）　　 →tercapai（到達した）

見出し語に登場する語彙を索引としてまとめました。付録は収録されていません。

habis	170	52	kapan-kapan	181	54	léwat	229	66
hangat	104	34	karena	449	124	libur	268	76
harga	93	32	kaus	110	36	lihat-lihat saja	96	32
hari	78	28	keadaan	377	106	lupa	151	46
hari apa	236	68	keberatan	389	108	lurus	133	42
hari ini	189	56	kebetulan	388	108	lusa	187	56
harian	369	104	kecil	100	34	mahal	91	32
harus	209	62	kedinginan	392	108	maju	166	50
haus	72	26	kehilangan	385	108	makan	145	46
hidup	171	52	kehujanan	387	108	makanan	353	100
hijau	118	38	kejadian	383	106	malam	20	14
hitam	113	38	kekayaan	384	106	mampir ke	158	48
ikan	60	24	kekecilan	390	108	mampu	205	60
indah	124	40	keluar	162	50	mandi	150	46
ingat	152	46	kemarin	190	56	manis	44	20
ingin	198	58	kembali dari	155	48	mari	185	56
ini	26	16	kembali ke	155	48	masakan	355	100
itu	25	16	kemudian	452	124	masih	203	60
izin	267	76	kemungkinan	381	106	masuk	163	50
jadi	111	36	kental	407	112	matang	56	22
jalan	137	44	kenyang	71	26	mati	172	52
jam berapa	225	66	kepanasan	391	108	mati lampu	173	52
jam karét	278	78	kepercayaan	380	106	mau	199	58
jam satu	228	66	keperluan	379	106	mau	200	58
jam tangan	227	66	kepiting	62	24	melarang	328	92
jangan	208	60	keséhatan	378	106	melihat	313	90
jarang	217	64	kesenian	386	108	memakai	312	88
jatuh	168	50	keturunan	382	106	memanaskan	346	98
jemuran	358	100	kiri	129	42	memancing	308	88
Jepang	77	28	kuitansi	40	18	memanggang	341	96
Jumat	245	70	kuning	117	38	memasak	337	96
jus	34	18	kurang	230	66	mematikan	351	98
jutaan	376	104	kurang	50	22	membakar	343	96
kadang-kadang	222	64	lalu	240	68	membeli	310	88
kalau	453	124	lalu	452	124	membersihkan	347	98
kali	239	68	lantai	144	44	memenuhi	411	114
Kamis	244	70	lapar	70	26	memotong	332	94
kanan	130	42	laporan	361	102	mempunyai	412	114
kaos	110	36	lebih	126	40	menarik	322	92
kapan	179	54	lembar	87	30	mencintai	409	114
kapan saja	180	54	léwat	161	50	mencuci	329	94

mendaftar	317	90	Minggu	247	70	pemutih	430	118
mendengar	315	90	minggu	249	72	penasaran	274	78
mendidih	348	98	minggu depan	251	72	pendapat	438	120
mendidihkan	349	98	minggu ini	250	72	pendapatan	437	120
mendorong	323	92	minggu lalu	252	72	péndék	97	34
menemui	410	114	mingguan	370	104	pendekatan	435	120
mengaduk	334	94	minta	33	18	penerbangan	436	120
mengajak	316	90	minum	146	46	penerima	421	116
mengandung	320	90	minuman	354	100	pengawét	432	118
mengantar	305	88	muda	405	112	pengémulsi	431	118
mengecilkan	352	98	mudah	404	112	pengetahuan	434	120
mengerti	319	90	mulai	262	74	penggaris	427	118
mengetahui	414	114	mundur	167	50	penghapus	426	118
menggoréng	339	96	mungkin	223	64	pengirim	420	116
menghapus	324	92	murah	92	32	penonton	422	116
mengiris	333	94	naik	159	48	penulis	417	116
mengukus	344	96	naik ke	159	48	penumpang	425	118
mengulek	336	94	nama	21	14	perawakan	444	122
mengundang	321	92	nanti	183	54	percobaan	448	122
mengupas	331	94	nasi	57	24	pergi dari	153	48
menikahi	415	114	nomor	75	28	pergi ke	153	48
meninggal	325	92	nya	23	14	perjanjian	447	122
meninggalkan	326	92	olahan	366	102	perkantoran	443	122
meniriskan	345	98	ongkos	94	32	perkotaan	441	122
menjauhi	416	114	orang	74	28	perlu	214	62
menjemput	306	88	pacar	28	16	permintaan	445	122
menjual	309	88	pacaran	364	102	pernah	197	58
menonton	314	90	pagi	17	14	pernikahan	446	122
mentéga	69	26	pahit	48	20	pertokoan	442	122
menulis	311	88	pamit	272	76	pewarna	429	118
menumis	338	96	panas	41	20	pilihan	367	102
menunggu	307	88	panjang	98	34	pimpinan	368	102
menyalakan	350	98	pasti	224	64	pindah dari	156	48
menyangrai	342	96	pedas	47	20	pindah ke	156	48
menyetir	318	90	pekerja	423	116	pinggir	141	44
menyetujui	413	114	pekerjaan	433	120	pulang dari	154	48
menyimpan	330	94	pemanis	428	118	pulang ke	154	48
mérah	115	38	pembaca	418	116	puluhan	373	104
merebus	340	96	pembangunan	439	120	punya	169	52
merokok	327	92	pembantu	424	116	putih	114	38
mi	59	24	pemimpin	419	116	Rabu	243	70

ratusan	374	104	siapa	22	14	tidak harus	210	62
ribuan	375	104	silakan	80	28	tidak jadi	112	36
roti	58	24	silaturahmi	277	78	tidak perlu	215	62
rumah	76	28	sini	134	42	tidak terlalu	54	22
rupiah	90	32	situ	135	42	tidak usah	216	62
Sabtu	246	70	soré	19	14	tidur	148	46
saja	132	42	sudah	193	58	tinggal	79	28
sakit	269	76	suka	219	64	tinggi	101	34
sama sekali tidak	128	40	sulit	403	112	tipis	102	34
sampai	165	50	susah	403	112	tua	406	112
sana	136	42	susu	35	18	tulisan	360	100
sangat	51	22	tadi	182	54	tumbuh	174	52
sapi	67	26	tahun	257	74	turun dari	160	48
sebelah	140	44	tahun depan	258	74	turun ke	160	48
sebelum	196	58	tahun lalu	259	74	turunan	365	102
sebelum	451	124	tahunan	372	104	udang	61	24
sebentar	237	68	tanggal	233	68	ungu	119	38
sebentar lagi	238	68	tanggal berapa	234	68	waktu	455	124
sebetulnya	213	62	tanggal mérah	248	70	walau	456	124
sedang	202	60	tawar	55	22	warna	107	36
sedikit	82	30	tebal	103	34	ya	30	16
seharusnya	211	62	telah	193	58	yang	106	36
sekali	52	22	telur	64	24	yang mana	108	36
sekali-sekali	192	56	teman	27	16	yang paling	402	112
sekarang	184	54	ter-	401	112	yén	89	32
selalu	221	64	terbang	175	52			
selamat datang di	157	48	terbuka	393	110			
Selasa	242	70	terhapus	397	110			
selesai	264	74	terlalu	53	22			
sembako	279	78	terpenuhi	400	110			
semua	84	30	tersedia	399	110			
senang	220	64	tertangkap	396	110			
Senin	241	70	tertelan	398	110			
seperempat	231	66	tertulis	395	110			
sering	218	64	tertutup	394	110			
sesudah	194	58	tetapi	32	16			
sesudah	450	124	tiba	164	50			
setelah	194	58	tidak	49	22			
setengah	232	66	tidak begitu	127	40			
setiap	83	30	tidak boléh	207	60			
siang	18	14	tidak énak badan	270	76			

改訂版
キクタン インドネシア語
【入門編】

発行日	2015年1月26日（初版）
	2024年3月13日（改訂版）
著者	阿良田麻里子
編集	株式会社アルク 出版編集部
編集協力	ナビラ・サブリナ／有限会社データ・クリップ
インドネシア語校正	ロガータ合同会社
アートディレクション	細山田光宣
カバーデザイン	野村彩子／柏倉美地（細山田デザイン事務所）
本文デザイン	奥山和典（酒冨デザイン）
イラスト	（本文）奥山和典（酒冨デザイン）
	（帯）白井匠（白井図画室）
DTP	株式会社創樹
ナレーション	アユ・ダリヤンティ／北村浩子
音楽制作・録音・編集	Niwaty
印刷・製本	萩原印刷株式会社
発行者	天野智之
発行所	株式会社アルク
	〒102-0073　東京都千代田区九段北4-2-6　市ヶ谷ビル
	Website https://www.alc.co.jp/

著者プロフィール　阿良田麻里子

立命館大学食マネジメント学部教授
東京外国語大学博士前期課程修了。言語学修士
総研大博士後期課程修了。博士（文学）
専門は食文化研究・文化人類学・言語人類学

※この書籍は2015年1月刊行の『キクタンインドネシア語【入門編】』を改訂したものです。

地球人ネットワークを創る

アルクのシンボル
「地球人マーク」です。